SEITENBLICK

Kilian Salzmann

Gedanken zum Tag

IMPRESSUM

© 2019 Kilian Salzmann
Umschlagbild: Markus Gasser

Herstellung und Verlag:
BoD – Books on Demand, Norderstedt
ISBN: 978-3-7460-4869-7

SEITENBLICK

VORWORT

Seitenblicke verschaffen Einblicke und eröffnen Denkwelten. Seitenblicke – sie sind im Leben genauso bedeutsam wie im Film. Erst durch sie werden Geschichten bunt und interessant. Sie eröffnen uns ungewohnte Perspektiven und ermöglichen Begegnung mit bisher Unbekanntem und Fremdem.

Wie könnte das Leben sein, wenn wir öfter zur Seite blicken würden? Wenn wir ungewöhnliche und gewöhnliche Situationen nicht einfach an uns vorbeiziehen lassen und sie genauer betrachten würden?

Die täglichen „Seitenblicke" halten für uns die Zeit an und thematisieren, was sonst oftmals dem Blick entgeht. Sie weisen hin auf aussergewöhnliche Perspektiven und zeigen damit, dass es sich lohnt, Seitenblicke zu wagen.

Die Themen der Seitenblicke in diesem Buch sind vielseitig und abwechslungsreich. Sie beziehen sich in offener Art und Weise zu kritischen Lebensfragen, beinhalten Interpretationen von Symbolen, beziehen sich auf geprägte Zeiten im Jahr, thematisieren den Zyklus der Jahreszeiten und sie beziehen sich auf Zitate, die zum Nachdenken einladen.

Wagen und gönnen Sie sich immer wieder einen Blick zur Seite und ich hoffe, Sie können mit Überzeugung sagen: „So hab ich das noch nie gesehen!"

Kilian Salzmann
Naters 2019

JANUAR

1. Januar

Wir selbst sind wie ein Musikinstrument. Wir spielen unsere Lebensmelodie und übertragen die Töne auch auf unsere Mitmenschen. Aber es tönt nicht immer gleich in uns. Wir wissen, wenn ein Musikinstrument der Kälte oder Wärme ausgesetzt ist, kann sich sein Ton und Klang verändern. Es ist wichtig, das Instrument zu stimmen, wenn ich mit anderen zusammen spielen will. Ansonsten tönt es schrecklich!

Aber dazu ist ein feines Gehör von Nöten und vor allem braucht es ein Instrument, das den richtigen Ton angibt. Nach ihm richten sich die anderen aus. Ich wünsche Mut und Ausdauer, auf die richtigen Töne der Liebe zu horchen, so dass wir in Harmonie die Lebensmelodie spielen können.

Ich wünsche dir, dass in diesem neuen Jahr in dir die verschiedensten Töne zum Klingen kommen: hohe und tiefe, laute und leise, schrille und sanfte und dass du mit ihnen im Einklang bist.

2. Januar

Du bist nicht auf dieser Welt und in dieser Gesellschaft, um die Erwartungen anderer zu erfüllen. Das hat auch nichts mit Liebe und lieben zu tun. Es dient auch dem anderen nicht wirklich. Du selbst wirst dabei fremd gelenkt und entfremdest dich von deiner selbst. In „erwarten" steckt „warten". Warten, das tun wir auf Dinge, die hier und jetzt nicht da sind, nicht so sind, wie wir es wollen. Auf den Bus, der eigentlich schon längst gekommen sein sollte; auf ein Ende des Regens, den die Wolken gerade ausquetschen; oder eben darauf, dass unsere Mitmenschen das sagen und tun, das unseren Wünschen entspricht. Sagen oder tun sie das nicht (und das geschieht oft), entsteht eine Kluft zwischen Wunsch und Wirklichkeit, die schmerzhaft ist. Und genau so können uns auch unsere Mitmenschen erfahren.

Erwartungen – eigene und die der anderen -- dürfen verabschiedet werden.

3. Januar

Wir alle sind sicher der Gefahr ausgesetzt, in dem eigenen Fahrwasser gedankenlos weiter zu schwimmen. Wir lassen uns einfach treiben von der Flut. Das ist sicher sehr bequem und benötigt wenig Kraft und Aufwand. Es ist der Weg des geringsten Widerstandes. Jedoch ist es nicht sicher, ob es auch immer der beste Weg ist.

Das Einfachste ist nicht immer das Beste! Es ist wichtig sich von Zeit zu Zeit einen Moment zu gönnen, um über den eigenen Standpunkt oder den eigenen Weg nachzudenken und auch den Mut zu haben, gewisse Sachen zu ändern. Darum wünsche ich dir, dass du dich nicht nur auf vorgegebenen, eingefahrenen Spuren bewegst, sondern auch deine eigene Richtung suchst und findest.

4. Januar

Heute wünsche ich dir, dass dein Lebensgefühl von Heiterkeit und Freude bestimmt ist und du dies auch ausstrahlen kannst.

Das ist ein bekannter Wunsch aus Indien. Mit dem, was du bist und mit dem, was du aus deinem Herzen gibst, kannst du andere Menschen beschenken und bereichern. Das wissen vor allem Menschen in Ländern, wie Indien, die materiell sehr wenig haben und nur von dem schenken können, was sie selbst sind und haben.

Sich selbst, einen Teil seiner selbst, zu verschenken, ist viel schwieriger, als etwas von unserem materiellen Überfluss weiterzugeben. Was von uns und unserem Herzen kommt, ein herzliches Lachen, ein liebes Wort oder eine helfende Hand, bleibt nicht einfach beim Erstbeschenkten. Es zieht Kreise und geht an andere weiter.

5. Januar

Sagst du am Morgen: "Ich MUSS jetzt aufstehen"? Dann beginnst du den Tag mit einer Unwahrheit. Die Wahrheit heisst: Du darfst aufstehen. Du darfst leben! Dir wird ein neuer Tag, ein neues kleines Leben geschenkt!

6. Januar

Heute ist „Dreikönigstag"! Man hat die drei Könige oft dargestellt als die Vertreter aller im Mittelalter bekannten Kontinente: Afrika, Asien und Europa. In ihnen kniet die ganze Welt nieder vor dem neugeborenen göttlichen Kind.

Vor dem Kind müssen sie nicht ausdiskutieren, wer von ihnen nun Recht hat und wer den wahren Glauben besitzt. Sie brauchen nicht dafür zu kämpfen. Sie tun einfach das, was alle Menschen vor einem kleinen Kind tun, sie staunen. Sie schweigen und beten.

Von den alten Überlieferungen über die Heiligen Drei Könige überzeugt mich am meisten, dass sie für das friedliche Zusammenleben der Nationen und der Religionen stehen und dass sie dafür schweigen und beten.

Vielleicht ist es ja das, was den Menschen bis heute so gefällt an den Heiligen Drei Königen. Sie haben erkannt, was wichtig ist: Im Stall von Bethlehem wird nicht gekämpft und nicht diskutiert. Vor dem neugeborenen Kind wird staunend geschwiegen. Und das verbindet mehr, als alle Unterschiede trennen können.

7. Januar

Hände sind wunderbar! Kein Apparat der Welt ist so perfekt und vielseitig wie unsere Hände.

Hände können sprechen und sagen manchmal mehr als Worte. Hände können schreiben, was man denkt. Hände können zeigen, was man fühlt. Sie können malen und Musik machen und damit andere erfreuen. Sie können auch einem Traum Gestalt geben. Wir können sie wohlwollend und einladend ausstrecken, Zärtlichkeit geben oder Sicherheit.

Sie können aber auch zur Faust geballt und abweisend sein, und mit unseren Händen könnten wir auch so manches kaputt machen. Sie können verletzen!

Aber Hände sind uns gegeben, um in Kontakt zu kommen mit unserer Erde, mit der ganzen Natur und mit den Menschen um uns. Unsere Hände können heilend wirken. So hat auch Jesus jene Menschen, die er geheilt hat, meist mit seinen Händen berührt.

Auch wir können jemandem die Hand reichen, nicht aus Gewohnheit, sondern um ihm etwas von uns selbst weiterzugeben.

8. Januar

Im täglichen Leben sind wir immer wieder dem Gebrauch von Worten ausgesetzt. Aber es wird auch viel über die Köpfe der Menschen hinweggeredet - wie eine Lawine leerer Worte. Jeder will reden. Jeder will das Wort. Jeder beansprucht sein Mitspracherecht.

Aber sind wir uns bewusst, was für eine Macht unsere Worte haben können? Ein hartes Wort - ein scharfes Wort, das kann verletzen und im Herzen lange wehtun und Narben hinterlassen.

Unsere menschlichen Worte können, wenn sie gut sind, aber auch so viel zum Positiven verändern. Ein kleines Wort, wie „Bitte", „Danke" oder „Entschuldigung" kann die Welt verändern und Neues entstehen lassen.

Probieren wir doch unser Mundwerk bewusst und überlegt zu gebrauchen!

9. Januar

Morgenstund hat Gold im Mund! - dieses Sprichwort möchte uns das Frühaufstehen schmackhaft machen. Wie viele würden sich jetzt dagegen noch gerne einmal im Bett umdrehen, die Decke über den Kopf ziehen und weiterschlafen.
Für viele ist jedoch jeder Morgen eine täglich neue Qual und ein täglich neues Müssen. Der neue Tag, mit allem was er bringen mag, ist ihnen zuwider!
Es gibt aber auch Menschen, die ganz bewusst in den neuen Tag gehen: Noch auf der Bettkante sitzend, begrüssen sie den Morgen mit offenen Händen und offenem Herzen, mit einem kurzen Gebet. Der evangelische Theologe Dietrich Bonhoeffer hat dazu ein passendes Gedicht geschrieben: „Von guten Mächten wunderbar geborgen, erwarten wir getrost, was kommen mag. Gott ist mit uns am Abend und am Morgen und ganz gewiss an jedem neuen Tag."
Morgenstund kann also durchaus Gold im Mund haben, wenn ich mir am Morgen ein kleines Mass Zeit für mich gönne, den Tag begrüsse mit einem positiven Gedanken und ihn bewusst angehe.

10. Januar

„Krise" ist ein Wort, das heute oft gebraucht wird. Wir sprechen von der wirtschaftlichen Krise, Krise in der Erziehung, Energiekrise, Krise in der Kirche usw. Das Wort „Krise" ist ein altes griechisches Wort. Ursprünglich bedeutet es Unterscheiden oder Entscheiden. Die Krise ist immer auch ein Signal, eine Aufforderung. Die Kopfschmerzen und die Übelkeit eines „Katers" sind eine Aufforderung über das Gestern nachzudenken. Bauchweh ist vielleicht ein Signal über die Essgewohnheiten nachzudenken. In diesen Krisen-Situationen sind wir gezwungen über unser Verhalten, über unser Leben nachzudenken und uns, was das Wort eigentlich ursprünglich meint, zu entscheiden.
Die persönliche Krise oder auch die Krise einer ganzen Gesellschaft kann eine Chance sein! Sie lässt uns nachdenken über die wahren Lebenswerte und lässt uns unterscheiden, was wirklich wichtig ist. Vielleicht wird die Krise uns beibringen, dass wir mit weniger viel weiter kommen?!

11. Januar

Die Kraft der Liebe soll uns heute und alle Tage begleiten. Das Wort „Liebe" ist zwar schon sehr abgegriffen und missbraucht worden. Deshalb sind damit auch viele verschiedene Vorstellungen verbunden.

Und dennoch jeder Mensch weiss, was Liebe ist, und jeder Mensch sehnt sich danach. Die Liebe ist doch für uns zuerst einmal die Kraft an das Gute zu glauben, das Gute sehen zu können.

Es ist eine grosse Herausforderung unser eigenes Leben in einem guten Licht sehen zu können, das Gute in Mitmenschen und in uns selbst zu entdecken. In der Welt das Gute zu sehen, heisst zugleich auch, ein Stück weit das Geheimnis der göttlichen Liebe zu entdecken.

Die Liebe in uns müssen wir nicht schaffen, sie ist bereits in uns vorhanden. Wir müssen manchmal nur den Schutt abtragen, der sie zudeckt. Die Kraft der Liebe soll uns heute und alle Tage begleiten!

12. Januar

Die Kraft der Versöhnung soll uns heute und alle Tage begleiten! Versöhnung und Friede können wir nicht kaufen oder gar erzwingen. Versöhnung kann nur von uns selbst ausgehen! Friede und Versöhntheit kann aber nur von mir ausgehen, meine Umwelt und Mitmenschen prägen, wenn ich mit mir selbst in Harmonie und Zufriedenheit lebe.

Da muss ich zu mir selbst JA sagen können, zu meiner Lebensgeschichte, zu meinem Charakter, aber auch zu dem, was ich an Last und Belastung mitbekommen habe.

Versöhnung leben heisst, nicht alle Konflikte um sich herum und mit sich selbst einfach mit einem frommen Mantel zuzudecken. Versöhnung leben heisst, anfangen die dunklen Seiten um uns und in uns anzunehmen, aushalten zu können und sich damit zu konfrontieren.

13. Januar

Immer wieder gibt es Menschen, die Katastrophen, schlechte Zeiten und sogar den Weltuntergang verkünden. Es gibt viele Schwarzseher und Schwarzmaler. Mit Hilfe der Angst versuchen sie, die Menschen in den Griff zu bekommen! Die Angst vor der Zukunft ist weit verbreitet.

Die Kraft der Zuversicht schenkt uns aber Vertrauen und Hoffnung in die Zukunft. Die Zuversicht ist eine positive Kraft. Sie lässt uns aufrecht durch die Welt gehen und aufrecht in der Welt stehen! Zuversicht darf nicht an der Wirklichkeit vorbei gehen, sie muss erkennen, was wirklich ist.

Und dennoch dürfen düstere und negative Gedanken nicht über unser Leben bestimmen. Du darfst sie verabschieden und das Gedanken-Karussell stoppen. Zuversicht ist etwas Ansteckendes; sie ist eine Kraft, die übergeht auf unsere Mitmenschen und unsere Umwelt. Denk daran: Gedanken gehören dir und du gehörst nicht deinen Gedanken.

14. Januar

Papst Johannes XXIII hat in sein Tagebuch geschrieben: „Giovanni, nimm dich nicht so wichtig, du bist nur Papst!"

Sicher ist es wichtig, an sich selber zu arbeiten und das eigentliche Leben ernst zu nehmen – aber ein wenig Humor würde manch einem von uns gut tun. Wer meint, er müsse alles selber ins Lot bringen und regeln, trägt schwer an Verantwortung und tut sich auch mit den Mitmenschen schwer. Das können wir drehen und wenden wie wir wollen: als Menschen machen wir Fehler und es geht nicht immer alles, wie wir es wollen. Da sollten wir uns vielleicht auch ab und zu sagen, wie Johannes XXIII: „Hey, nimm dich nicht so wichtig!"

Diese Kraft der Gelassenheit soll uns heute und alle Tage begleiten.

15. Januar

Vergebung schenkt Befreiung. Vergebung hat nichts mit Unterwürfigkeit zu tun! Die eigentlichen Gefühle soll und darf ich nicht unterdrücken. Vergebung steht auch immer am Ende der Wut und nicht am Anfang. Um vergeben zu können, müssen wir aber über die Wut hinaus kommen.

Die Kraft der Vergebung durchbricht diesen Teufelskreislauf von Hass und Groll. Wer dem anderen nicht vergeben kann, plagt sich selber und macht sich sein Leben selber schwer. Die Bitterkeit und Aggression gegenüber dem Mitmenschen richten sich schlussendlich gegen sich selber.

Darum soll uns die Kraft der Vergebung heute und alle Tage begleiten.

16. Januar

Es ist immer etwas Schönes und Faszinierend es anzuschauen, wie zwei Menschen wirklich gut miteinander tanzen. Ihre Bewegung ist ein Ausdruck der Harmonie, der Übereinstimmung und man spürt, wie die beiden aufeinander eingehen können.

Beim gemeinsamen Tanzen geht es eigentlich immer um die Harmonie. Sofort sieht man, wenn jemand beim Sirtaki in die falsche Richtung läuft oder wenn bei einer beschwingten Polka der eine dem anderen nur auf den Schuhen steht. Sicher gibt es Menschen mit viel Talent oder die es einfach im Blut haben. Aber die Übung und das nötige Feingefühl sind wichtig. Kein Meister ist vom Himmel gefallen – auch nicht wenn es um die Gestaltung unseres Lebens geht. Für Harmonie und Stimmigkeit in unserem Leben müssen wir arbeiten – an uns selbst – an unserer Persönlichkeit. Vielleicht steht uns jemand wie ein Choreograph zur Seite, der uns Hilfe, Richtlinien und Beistand gibt.

Und wie wohltuend ist es zu wissen, dass, wenn wir einmal einen falschen Tritt machen, der Tanzpartner da ist, der uns halten und aufrichten kann.

17. Januar

Welcher Mensch wünscht sich nicht, ernst genommen zu werden? Angenommen sein, mit seinen Stärken und Schwächen! – Das heisst: mit seinem gesamten Mensch-Sein.

Aber Schwächen haben in unserer Gesellschaft meist keinen Platz. Der Mensch kann nicht voll und ganz sich selber sein. Jedes Berufsunternehmen fragt heute nur nach Erfolg und Profit.

Eine ganz andere Unternehmensphilosophie hatte Jesus. Er hat nicht nur Menschen mit besonderen Fähigkeiten in seine Nachfolge gerufen. Bei ihm hatten ganz einfache Menschen ebenfalls Platz. Jesus verlangte keine Zeugnisse, keine Zertifikate, kein Ausbildungszeugnis. Und er hat sie auch nicht wegen ihrer besonderen Frömmigkeit ausgewählt. Bei Jesus reicht offensichtlich aus, einfach Mensch zu sein und Mensch zu bleiben.

18. Januar

Besonders jetzt in der kalten Jahreszeit, im Winter, können wir eine ganz alltägliche Sache besonders intensiv erleben: nämlich das Verlassen des Hauses am Morgen. Von einem Augenblick zum anderen müssen wir die wohlige Wärme verlassen und sind der Kälte ausgesetzt. Es ist eigentlich egal, ob ich in dem Moment die frische Luft geniesse oder die Jacke noch ein wenig enger zumache.

Aus den eigenen vier Wänden zu treten, das erleben nicht alle gleich. Einige sind voller Tatendrang und freuen sich, den neuen Tag in Angriff zu nehmen, andere hingegen haben ein komisches Gefühl der Angst und Sorge.

Am Morgen das Haus zu verlassen bedeutet aber auch, einen neuen Tag in Angriff zu nehmen. So alltäglich und normal das scheinen mag: es ist ein besonderer Moment.

Versuch es doch heute ganz bewusst wahrzunehmen und überleg dir, was du mit dem geschenkten Tag machen wirst. Denk daran, du hast das Recht, einfach dich selber zu sein.

19. Januar

„Zeit ist Geld!" Dieses Sprichwort ist nicht immer wahr! Denn meistens haben jene, die am meisten Geld haben, leider am wenigsten Zeit. Die wunderbare Verwandlung von Geld in Zeit funktioniert „Gott sei Dank!" nicht.

Im Gegensatz zu Geld ist die Zeit gerecht verteilt: Alle haben genau 24 Stunden pro Tag zur Verfügung.

Im Guiness-Buch der Rekorde gibt es viele Dauerleistungen: im Klavierspielen, im Boogie-Woogie-Tanzen oder im Unterwasserküssen. Mit der Stoppuhr wird der Rekord festgehalten. Was aber Musik, Tanz oder Zärtlichkeit bedeuten kann, darüber sagt die gemessene Zeit nichts aus.

„Zeit ist nicht Geld!" davon bin ich überzeugt. Paul Kaspar sagte folgendes: „Unsere Uhren lügen!" oder ein Sprichwort sagt: „Dem Glücklichen schlägt keine Stunde!"

Unsere Stoppuhren messen nur die Quantität der Zeit und nicht die Qualität. Unser menschlicher Reichtum ist nicht in der Menge, sondern in der Schönheit des Erlebten, in seiner Wichtigkeit und Bedeutung – in der Art und Weise, wie es uns glücklich macht.

20. Januar

Als Sophia Loren einmal in New-York war, haben Einbrecher von ihr den gesamten Schmuck verlangt. Sie war wehrlos ausgeliefert und gab alles. Als sie später gefragt wurde, ob ihr das nicht viel Kummer und Frust bereite, hat sie geantwortet: „Weine nie wegen etwas, das nicht auch wegen dir weinen könnte!"

Ich finde diese Antwort grossartig! Tatsächlich sind viele Sachen, die unsere Gefühle durcheinander bringen, im Nachhinein gar nicht so tragisch.

Es ist aber zugleich interessant zu sehen, dass viele Menschen auch nach Jahren noch einer Beziehung nachtrauern, dass sie vielleicht ein beleidigendes Wort auch nach Jahren noch nicht vergessen haben und andere bis an ihr Lebensende dankbar sein können für eine gute Tat. Das zeigt uns doch, dass schlussendlich nur die Beziehung zählt. Ohne mitmenschliche Beziehungen kann der Mensch gar nicht leben.

Wofür setz ich mich am heutigen Tag ein? Für einen Diamanten, der gestohlen werden kann oder für ein gutes Wort oder eine gute Tat, die bleibt?

21. Januar

Von Zeit zu Zeit möchte ich uns allen gerne ein Schneckenhaus wünschen. Es ist ein Ort, in den ich mich zurückziehen kann. Es ist eine Möglichkeit, wieder einmal zu unterbrechen. Das ist manchmal höchst notwendig. Besonders symbolkräftig ist es, dass die Schnecke ihr Haus mit sich trägt. Sie verkriecht sich nicht irgendwohin, sondern in das, was sie selber ist.

Wir brauchen ein Schneckenhaus, das nicht da ist, um uns zu verstecken, aber das uns hilft zu unterbrechen und immer wieder zu fragen: Was soll das alles, was ich da treibe? Vielleicht findest du heute eine Gelegenheit, in dich zu kehren.

22. Januar

Ein Lebenshemmer, ein Bremser im Leben ist der viele Ramsch, das Überflüssige, das uns überall umgibt. Der Grundsatz, nur ganz Weniges anzuschaffen, dafür aber Wertvolles, ergibt sicher seinen Sinn. Es lohnt sich, auszumisten und das Viele durch wenig - aber Wertvolles - zu ersetzen. Das könnte eine Ahnung erwecken von einem einfacheren, aber wertvolleren Leben. Das kostet bestimmt einiges an Mut, aber die Konzentration auf Wertvolles und Wesentliches schafft Konzentration und Ruhe auch im Inneren. Dies schenkt uns Freiheit und Lebendigkeit.

23. Januar

„Wie du im Herzen bist, so zeigst du dich in deinen Worten." Hinter diesem Gedanken liegt die Erfahrung, dass jeder Mensch eine Aussen- und eine Innenseite hat. Eine sichtbare Seite und eine unsichtbare. Eine greifbare und eine, die von innen her das Leben prägt.

Und der Gedanke zeigt, dass die beiden Seiten zusammenhängen. Vielleicht einander spiegeln. Das, was in meinem Herzen wohnt, erfahren die anderen in dem, wie ich handle, wie ich bin, wie ich rede. Die Aussenseite und die Innenseite des Menschen hängen zusammen. „Wie du im Herzen bist, so zeigst du dich in deinen Worten." Eine kleine Übung für den heutigen Tag möchte ich noch mitgeben: Ich beobachte meine Worte, mein Reden. Was ich sage und wie ich etwas sage. Und ich schaue auf mein Herz.

24. Januar

"Sich fremd gehen" – das kann die Spiritualität und Motivation des Pilgerns sein. Pilgern ist mehr als Wandern, ist mehr als das Erfahren körperlicher Grenzen in der Natur. „Sich fremd gehen" (Detlef Lienau) ist eine Bezeichnung, welche die Dimensionen des Pilgerns ausleuchtet. Wer pilgert, verlässt das Vertraute, geht sich fremd, um neu zu werden oder wie der heilige Vinzenz von Paul es folgendermassen beschreibt: „Um bei Gott eintreten zu können, muss man aus sich hinaus gehen". Schenke dir einen Tag, heute oder demnächst, der dir erlaubt, bei Gott einzutreten.

25. Januar

„Wir können den Wind nicht dirigieren, aber wir können die Segel anpassen." Manches im Leben passt uns nicht. Es plagt oder ärgert uns. Manches im Leben ist uns lästig oder stört uns. Das, was unser Leben in Vielem ausmacht, ist wie der Wind, der einfach da ist, der bläst, wie er will, der nicht zu beeinflussen ist. Wir sind ihm ausgeliefert. Aber wir sind es nicht ganz: Wir müssen nicht nur tun, was der Wind will. Wir haben Segel auf dem Boot unseres Lebens. Und wie wir die Segel setzen, das ist unsere Sache. Am heutigen Tag will ich versuchen, mit einem anderen Blick auf mein Leben zu schauen, die Segel neu zu setzen.

26. Januar

„Wie man sich bettet, so liegt man!" Dies sagt man, um auszudrücken, dass jeder Mensch für sein Schicksal und Wohlergehen, zumindest ein Stück weit, selber verantwortlich ist. Wenn ich aber über das Leben und Schicksal meiner selbst und anderer Menschen nachdenke, bin ich mit diesem Refrain von Bert Brecht nicht so ganz einverstanden.

Da ist eine Spannung im Leben, mit der müssen wir uns auseinandersetzen! In der Spannung selbst leben wir. Und wie wir mit dieser gut leben können, hat der Heilige Thomas Morus in einem schönen Gebet dargelegt:

Gott, gib mir die Gelassenheit, das anzunehmen, was ich nicht ändern kann.

Gott, gib mir die Kraft zu ändern, was ich ändern kann.

Und Gott, gib mir die Weisheit, das eine vom anderen zu unterscheiden!

Ich wünsche Ihnen einen gut gebetteten Tag!

27. Januar

Gute und positive Begegnungen machen mich beweglich, mutig, schenken mir Hoffnung oder fordern mich heraus. Wohltuende und bereichernde Begegnungen sind auch Begegnungen mit dem Göttlichen. Gott ist in Beziehung erfahrbar: in Beziehung mit meinem Umfeld, mit der Natur, mit mir selbst und mit den Mitmenschen.

Selbstverständlich ist der Mensch, der mir begegnet nicht Gott, aber Gott kann ich in ihm oder ihr erfahren. Dasselbe gilt auch für mich! Ich kann Gott zu meinen Mitmenschen tragen. Jesus hat damals einen Taubstummen geheilt und zu ihm gesagt: „Effata!", das heisst: „Öffne dich!" Effata, öffne dich; das sagt Jesus auch zu jedem von uns. Wir sollen offen sein für die Begegnung mit Gott.

Das Wort „Effata" soll uns gelten, wenn wir heute auf andere zugehen – das Wort „Effata" soll uns gelten, wenn andere auf uns zukommen. Denn Gott ist nur in Beziehung erfahrbar.

„Effata" lässt mich erfahren, dass ich nicht aus mir selber leben kann. Ich bin im Leben auf andere verwiesen, wenn ich mich selbst nicht im Belanglosen und Kleinkarierten verlieren möchte. „Effata!" Den Mut zu dieser Offenheit soll uns heute und alle Tage begleiten.

28. Januar

„Lohnt es sich überhaupt?" Diese Frage zeigt: der Mensch ist offenbar nicht eine funktionierende Maschine, die von selbst läuft, ohne zu hinterfragen. Wir beobachten und hinterfragen uns selbst: manche Menschen mehr, manche weniger. Das heisst nicht, dass jeder von uns ein grosser Philosoph ist und Stunden darüber nachdenkt – manchmal ist es auch nur ein Gefühl.

Wenn wir zur Antwort kommen, das sich in unserem Leben etwas nicht lohnt, dann müssen wir uns verändern, dann können wir nicht einfach so weiterschlitteln. Dann ist aber auch genau diese Erfahrung, ja genau dieser Moment wichtig, weil wir gezwungen sind, nachzudenken und unserem Leben eine neue Richtung zu geben.

So gesehen, lohnt sich jeder Moment im Leben, entweder weil er uns freut und gefällt oder weil er uns zeigt, dass wir etwas ändern müssen. Wenn wir diese Herausforderung annehmen können, dann gibt es keinen unnützen Tag mehr, keine unnütze Stunde, keinen unnützen Moment.

Ja, das Leben lohnt sich immer und auf jeden Fall, wenn den negativen Erfahrungen auch eine positive Seite abgewonnen werden kann. Ich wünsche Ihnen einen schönen Tag – er lohnt sich bestimmt!

29. Januar

„Träume sind Schäume!" heisst es in einem Sprichwort. Damit ist gemeint, dass die Träume bald einmal wieder vergehen, obwohl sie im Moment vielversprechend sind. Im Schaum ist ja wirklich nur viel Luft und nichts Spezielles dahinter.

Träume sind wichtig im Leben! Obwohl sie oft wirklich schnell vorbei sind und anschliessend nicht viel zurück zu bleiben scheint, sind unsere Träume wichtige Lebensbegleiter.

Träumen können, heisst auch Visionen haben. Wer träumt, lässt in seinem Leben Veränderungen zu. Wer träumt, hat eine Zukunft vor sich.

Ich wünsche Mut und Kraft, dass wir unsere inneren Bedürfnisse wahrnehmen und von Veränderungen träumen können, weil ich an die Aussage von Dom Helder Camara glaube, der gesagt hat: „Wenn viele gemeinsam träumen, ist das der Beginn einer neuen Wirklichkeit."

30. Januar

Das Aufstehen ist für viele Menschen nicht einfach. Nach Stunden des Schlafs und des Ruhens heisst es wieder, sich an die Arbeit zu machen. Und für nicht wenige steigt der Druck, die Hast und für manche die Plage. Was wartet an diesem Tag alles auf mich? Der Römer Publilius Syrus aus dem 1. Jh. hat dazu treffend gesagt: „Hast und Klugheit vertragen sich nicht!" Wer sich drängen lässt, wird deshalb nicht erfolgreicher sein oder besser. Letztlich wird er auch nicht mehr leisten können. Gute Arbeit setzt innere Ruhe voraus, ein gutes Mass an Gelassenheit, Überlegung, Planung. Hast und Klugheit vertragen sich nicht. Ich wünsche uns allen, dass wir die Dinge dieses Tages mit Klugheit und innerer Ruhe anpacken.

31. Januar

„Ein einziges gutes Wort ist stärker als ein Knüppel." Wir erleben es immer wieder hautnah: Regierungen aus allen Teilen der Erde setzen auf Gewalt - auf militärische Gewalt - auf Drohung und Bedrohung. Wer dreinschlagen kann, der hat anscheinend gewonnen.

Auch in unserem alltäglichen Leben, in Schule und Gesellschaft, scheinen Aggression und Gewalt zuzunehmen. Im Fernsehen gehören Szenen des Zuschlagens und der gewaltvollen Konfliktbereinigung zur täglichen Kost.

Ganz anders ist der Gedanke aus Russland: Ein einziges gutes Wort ist stärker als ein Knüppel. Wenn auf den ersten Blick der Knüppel auch siegt, auf den zweiten Blick ist er ein Zeichen der Schwäche.

FEBRUAR

1. Februar

Eines scheint unsere Gesellschaft derzeit tief zu prägen: die Erfahrung der Überforderung. Die Erfahrung, an die eigenen Grenzen zu kommen, es fast nicht mehr zu schaffen. Viele Menschen fühlen sich belastet, oft genug auch überlastet.

So wächst gleichzeitig das Bedürfnis nach Erholung, das Bedürfnis, einmal auszubrechen aus dieser Erfahrung von Last. Menschen schreien heute geradezu nach Erholung: im Urlaub, im Wellnessbereich, in der Möglichkeit, einmal lange zu schlafen.

Erholung besteht nicht im Nichtstun, sondern in dem, was wir sonst nicht tun. Ich wünsche dir, dass du heute etwas tun kannst, was dir an Leib und Seele gut tut.

2. Februar

Ein Tag mit verschiedenen Namen und reich an Symbolen und Geschichten. ‚Darstellung des Herrn' heisst er im liturgischen Kalender, viel bekannter ist er unter seinem alten Namen ‚Mariä Lichtmess' oder früher hat man ihn auch ‚Mariä Reinigung' genannt. In der Ostkirche lautet der Name ‚Fest der Begegnung'. Es ist der 40. Tag nach Weihnachten. „Für Maria kam der Tag der vom Gesetz des Mose vorgeschriebenen Reinigung", schreibt Lukas. „Sie brachten das Kind nach Jerusalem hinauf, um es dem Herrn zu weihen...."

40 Tage nach Weihnachten, Jesus wird öffentlich gezeigt, Menschen erkennen in ihm Gott und sie nennen ihn Licht. Gott, der in Jesus begegnet, ist Licht.

Der Tag heute will erinnern: in unserer Dunkelheit gibt es Licht, im Dunkel unserer Fragen, unserer Ängste, im Dunkel menschlicher Bosheit. Und auch am Ende eines langen sehnsuchtsvollen Lebens.

3. Februar

Erinnern Sie sich an das Schaf „Dolly"? Das geklonte Schaf ist jedoch bereits mit 6 Jahren als Greis gestorben. „Jetzt wird alles machbar", stand auf den Titelseiten einiger Zeitungen. Andere sprachen vom „Sündenfall".

Grosse Hoffnungen auf der einen Seite – enorme Ängste auf der anderen. Zumindest wirft die Erinnerung an Dolly viele Fragen auf in mir: Wohin soll das alles führen? Wenn wir alles können, – wissen wir denn dann auch, wofür das gut ist? Und was dabei herauskommt? Sicher hoffen viele Wissenschaftler, durch die Fortschritte der Gentechnologie könnten schwere Krankheiten geheilt oder der Hunger in der Welt gelindert werden. Und ich hoffe das natürlich auch. Und dennoch: Dolly's Geschichte spricht für eine Demut, die uns einsehen lässt, dass uns das Leben geschenkt ist und dass wir nicht beliebig ein perfektes Leben herstellen können. Nehmen wir den heutigen Tag als Geschenk an!

4. Februar

Wie oft hast du heute schon auf die Uhr geschaut: beim Läuten des Weckers, beim Anziehen oder beim Kaffeekochen? Der Blick auf die Uhr setzt uns oft unter Druck. Aber schuld ist nicht die Uhr, sondern unsere falsche Zeiteinteilung oder unsere falsche Auffassung von Zeit.

Wir wollen zu vieles auf einmal erledigen. Wenn wir aber für eine bestimmte Sache Zeit haben wollen, müssen wir etwas anderes sein lassen.

„Alles hat seine Zeit", heisst es in der Bibel und das meint: Alles, was wir tun, braucht seine Zeit. Wenn wir uns dessen bewusst sind und die Zeit, die uns geschenkt ist geniessen, wird sie uns nicht unter Druck setzen, sondern bereichern mit allem, was unser Leben bereichert.

Zeit ist nicht da, um sie vorüber gehen zu lassen, sondern um das Leben mit allen Facetten wahrzunehmen und zu geniessen. Wie schlimm, wenn du im Alter sagen musst: „Ich hab viel gemacht, aber nicht gelebt!"

5. Februar

Ein jüdisches Wort mahnt: „Wer alles wissen will, wird schnell alt." Gemeint ist wohl, dass Wissen allein das Leben nicht meistert.

Wissen allein macht nicht lebendig! Leben heisst nicht nur Wissen, sondern auch Geniessen. Wer lebendig sein will und Lebensenergie erfahren und ausstrahlen will, muss sich an den verschiedenen Momenten des Lebens auch erfreuen können. Dazu müssen wir das Leben wahrnehmen: mit seinen positiven und schwierigeren Seiten. Leben und Lebendigkeit im Leben ist nicht nur Leistung, sondern auch Gelassenheit und Weisheit.

Die Liebe zur Weisheit in jungen und betagten Jahren verlangt mehr: geduldiges Mühen und Einsicht in seine Möglichkeiten und Grenzen. Das beginnt sicher mit der Dankbarkeit für den neu geschenkten Tag: das hält uns jung!

6. Februar

„Ich habe keine Zeit" wird zum alles bestimmenden Lebensgefühl und zu einer Aussage, an die wir uns leider ein Stück weit schon gewöhnt haben. Dem setze ich entgegen, dass jeder und jede von uns Zeit genug hat – jeder und jede von uns hat nämlich genau gleich viel Zeit.

Wir brauchen eine neue Zeit-Kultur: eine Brachzeit, eine Zeit der Langsamkeit, der Leere, die unsere Lebensqualität fördert, unsere Solidarität nährt und unser Eingebundensein in die Schöpfung stärkt. Alles in der Natur, zu der auch wir gehören, hat Phasen der Ruhe und des Ausruhens. Wir brauchen eine Kultur des Widerstandes gegen den immer schneller werdenden Lauf der Zeit. Wir brauchen eine Kultur, in der es erneut erlaubt und möglich ist zu atmen.

Wir brauchen einen gesunden Rhythmus mit mehr Zwischenräumen. Nimm dir die Zeit jetzt, um wahrzunehmen dass du atmest und lebst und nicht nur funktionierst.

7. Februar

„Wenn einer alleine träumt, ist es nur ein Traum. Wenn viele gemeinsam träumen, so ist das der Beginn einer neuen Wirklichkeit." Dieser Ausspruch stammt von Helder Camara, einem Bischof aus Brasilien – heute ist sein Geburtstag. Diese Hoffnung drängt mich, schon hier und heute aktiv für ein gutes Leben einzutreten und – wie Helder Camara es einmal ausgedrückt hat – „wie eine schlichte Wasserlache den Himmel zu spiegeln".

8. Februar

Auf der Netzhaut unseres Auges, dort wo sich der Sehnerv befindet, gibt es einen blinden Fleck. Es ist ein Punkt in unserem Auge, an dem wir nichts wahrnehmen.
Dieser blinde Punkt existiert auch in unserem Bewusstsein, in unserem Leben.
Er ist das, was wir unser ganzes Leben lang nicht sehen wollen.
Es braucht Mut, der Realität ins Auge zu sehen, aber es macht unser Leben um einiges wertvoller und ehrlicher. Es ist eine Herausforderung, die uns auf die Dauer jedoch bereichert und das Leben bewusster wahrnehmen lässt.
Sobald wir bewusst durch den „Abenteuerspielplatz Leben" gehen, können wir die ganze Wirklichkeit erkennen, erhalten wir einen ständig sprudelnden Quell von Informationen über uns selbst und was uns umgibt.

9. Februar

Auch wenn wir uns dessen nicht immer bewusst sind, nimmt unser Ohr ständig unzählige Geräusche auf und gibt uns Signale, über das, was um uns herum geschieht. Auf viele Geräusche reagieren wir meist nicht mehr, wie zum Beispiel das Ticken einer Uhr oder das regelmässige Vorbeifahren eines Zuges.

Aber sobald ein unregelmässiges Geräusch ertönt oder ein spezieller Ton, reagieren wir sofort: wir schauen nach, von wo es herkommt und was der Grund dafür sein könnte.

Ein Wattestäbchen öffnet uns die Ohren, es reinigt sie und befreit sie von Dreck. Besinnung, Meditation, Gebet und bewusste Ruhe können unser Herz öffnen und von Unnötigem befreien. Gönnen wir uns doch ausser der Körperpflege auch die Pflege unseres Herzens.

10. Februar

Mit wie vielen Menschen wirst du heute eine Begegnung haben? Ob nur in einem 'Augen-Blick" beim Vorübergehen, in einem Telefonat, über einen Mailaustausch, SMS, WhatsApp oder in einem Meeting? Es werden voraussichtlich 50, 100 oder weit mehr 'Kon-Takte? Sein. "Kontakt" heisst wörtlich übersetzt: Zusammen-Berührung. Lass dich berühren und berühre andere mit einem guten Wort, einem Lächeln, einer Tat oder einer unverhofften Aufmerksamkeit. Mach aus vielen dieser Begegnungen einen echten Herz-Kontakt.

11. Februar

Ein Indianer besuchte seinen Freund in der Stadt. Miteinander sind sie in den Strassen umher gezogen und haben alles Mögliche betrachtet. Auf einmal blieb der Indianer stehen und sagte zu seinem Freund: „Sag, hörst du auch, was ich höre?" Sein Freund antwortete ihm: „Ach das sind Dummheiten. Alles was ich höre, ist der Lärm von Autos und die Stimmen der vielen Menschen!"

Der Indianer hält ihm jedoch entgegen und sagt: „Ich höre in der Nähe eine Grille zirpen!" Der Stadtmensch hat daraufhin den Kopf geschüttelt und ihm gesagt: „Hier gibt es keine Grillen, das einzige was man hört ist Lärm." Der Indianer schob bei der nächsten Hausmauer den Efeu zur Seite und sie sahen tatsächlich eine Grille. Der Stadtmensch war überzeugt, dies liege daran, dass der Indianer ein besseres Gehör habe, weil die anderen Menschen hätten ja auch nichts gehört. Dieser bewies ihm aber das Gegenteil. Er nahm ein Fünfrappenstück aus der Hosentasche und warf es auf die Strasse. Der Lärm war dabei nicht lauter als jener der Grille, doch viele Menschen haben sich umgedreht.

Der Grund dafür ist wohl eher nicht, dass Indianer ein besseres Gehör haben; vielmehr liegt der Grund darin, dass wir das hören, was uns interessiert und auf was wir zu hören gewohnt sind.

12. Februar

Hans Magnus hat wohl treffend gesagt: „Alle reden von Kommunikation, aber die Wenigsten haben etwas mitzuteilen!" Die Welt der modernen Kommunikation bringt oft Stress mit sich.

Aber alles was wir aufnehmen in uns, sei es bewusst oder unbewusst, müssen wir ja auch verdauen. Beim Essen nehmen wir auch nicht verdorbene Ware auf und wir essen ja normalerweise auch nicht bis uns davon schlecht wird. Es gibt sogar Ernährungsberatung für eine gesunde und ausgewogene Kost. Vielleicht brauchen wir das auch für das, was durch unsere Ohren aufgenommen wird. Es gibt zumindest ein Gesundheitsfasten beim Essen, zum Entgiften und Entschlacken. Vielleicht sollten wir auch mit den Geräuschen ein wenig auf Diät gehen oder zumindest bewusster damit umgehen.

13. Februar

„Wann hast du das letzte Mal telefoniert?" Wenn es nicht schon heute war, dann mit grösster Wahrscheinlichkeit gestern. Für uns ist das etwas völlig Normales geworden. Dabei ist aber nicht zu vergessen, dass rund 50% der Weltbevölkerung noch nie in ihrem Leben ein Telefongespräch geführt haben.

Für mich ist diese Feststellung nicht nur ein Mass für die Entwicklung der verschiedenen Länder, sondern das Ganze hat für mich auch einen symbolischen Charakter, der unsere Wirklichkeit bestimmt und prägt.

Das grosse Sagen haben eigentlich wenige Menschen in ihrer Hand oder meinen zumindest, sie hätten so enorm viel zu sagen. Da frage ich mich: „Wo bleiben die Stimmen der Schwachen, der Unterdrückten und gesellschaftlichen Minderheiten? Können diese überhaupt etwas sagen und sich mitteilen? Hört ihnen überhaupt jemand zu?"

Wer aber nicht kommunizieren will und nicht kann, ist auch nicht in Beziehung mit anderen Menschen. Ihre Meinung wäre in vielerlei Hinsicht eine Bereicherung und sicher abwechslungsreicher als das Geschrei der grossen Masse.

14. Februar

Zum Valentinstag:

"Ganz Paris träumt von der Liebe..." heisst es in einem Chanson von Catarina Valente. "Ganz Paris träumt von der Liebe, denn da ist sie ja zu haus."

Sofort fallen einem Bilder ein, verliebte Paare an der Seine, romantische Spaziergänge durch den Jardin du Luxembourg, Momente unter dem Eiffelturm.

Doch mir fallen noch andere Bilder ein: zum Beispiel die Obdachlosen unter den Brücken und über den Metroschächten, die Bedürftigen in den Wohnsilos im Norden von Paris - dort wo keine Touristen hingehen – auch sie träumen von der Liebe.

Ja, alle träumen von der Liebe – auch bei uns – nicht nur Paris.

15. Februar

Besonders den Wallisern und den Menschen in anderen Alpenregionen sind die luftgetrockneten und eingesalzenen Nahrungsmittel vertraut und wir wissen um ihre Köstlichkeit. Salz konserviert und gibt die nötige Würze.

Auch Jesus spricht vom Salz. Er sagt uns: „Ihr seid das Salz der Erde!" Damit spricht er uns die Aufgabe zu, das Gute zu bewahren, zu konservieren. Ohne das „Salz der Erde" würde das Gute vergammeln. Wir dürfen uns einsetzen für den Erhalt der christlichen Werte der Liebe und Gerechtigkeit.

Vielleicht ist es ebenfalls unsere Aufgabe und Fähigkeit, ein wenig Würze ins Leben anderer zu bringen. Auch das trägt zum Konservieren von Gefühlen und Beziehungen bei. Ich wünsche uns heute dazu die nötige „Schärfe"!

16. Februar

Der „Schacherseppli" ist eines der bekanntesten Schweizerlieder – mittlerweile sogar ein Hit der volkstümlichen Bestseller. Da wird sich manch einer -- nicht nur Jugendliche aus der Hip-Hop-Szene -- fragen, weshalb dieses Lied solchen Erfolg verbucht. Treffend ist vor allem folgender Textausschnitt: „Sisch mänge hüt en riche Ma. Doch morn isch leider so: er stirbt und mües sis liebe Geld ja alls hie unde la. Me treit ne uf de Chlie Hof grad näb e ärmsti Ma. Äh jede mües as glich Ort hi, es isch sicher war ja ja..."

Der „Schacherseppli" spricht aus unseren Herzen und von Grundwerten unseres Lebens. Er spricht von Gerechtigkeit, von Einfachheit, vom Staunen und Zufriedenheit.

Auch wenn wir uns in einer modernen materialistischen Gesellschaft mit Geld so vieles leisten können und die Superlative des Machbaren immer erneut angestrebt wird, macht uns dennoch nur glücklich, was uns im Innersten, d.h. in unseren Gefühlen berührt.

17. Februar

Wer in der Bibel liest, stellt fest: da wird ständig gegessen und getrunken. Die biblischen Mahlzeiten sind meistens verbunden mit einem Gastgeber, der keine Grenzen zieht. Wenn Jesus zum Mahl lädt, sind alle eingeladen: Zöllner und Huren, Rechtschaffene und Querschläger.

Wir können das Essen als Mahlzeit wieder neu entdecken. Um erleben zu können, wie gut es ist, wenn ich mit anderen am Tisch sitze, ein Stück Lebenszeit teile und bei Tisch erfahre, was dem Anderen wichtig ist und wie es ihm geht.

Denn das ist doch grundlegend: Essen und Trinken schaffen Gemeinschaft, über der ein besonderer Segen spürbar wird. Denken wir heute daran, dass wir nicht nur den Magen füllen.

18. Februar

Haben auch Sie schon Besessene geheilt? Das konnte wohl nur Jesus, werden Sie sich denken.

Es gibt Menschen, die sind total besessen: Von einem Chef, der sie zum schleimigen Schmeichler machte; von einem Modetrend, durch den sie sich krank gehungert haben; von einer Geliebten, die einen zweiten Frühling versprach. Oder auch von ihrem Terminkalender, von Ordnungswahn, von Karrieredenken, Gewohnheit oder Sucht.

Einige wurden geheilt. Irgendwann hat ihnen jemand Mut gemacht, ihr Leben wieder selber in die Hand zu nehmen.

Manche würde ich nur allzu gerne von ihrer Besessenheit befreien. Und in gewissen Bereichen müssen wir vielleicht bei uns selbst anfangen.

19. Februar

Sie können einem ganz schön auf den Wecker gehen, die lieben Mitmenschen. Am Morgen in der Frühe zum Beispiel, wenn beim ersten Kaffee schon das Telefon läutet. Oder wenn Anfangs Woche der Jüngste von der Familie schon wissen will, wie lange er am Wochenende ausgehen darf.

Aber die Begegnung mit anderen Menschen, auch wenn sie vielleicht nicht immer positiv ist, öffnet uns, macht uns beweglich, lernfähig, kämpferisch, mutig und hoffnungsfähig.

20. Februar

Der religiöse Markt und das Heilsangebot sind gross. Die Zeit ist vorbei, in der die katholische oder reformierte Kirche allein als Wegweiser dastanden. Verschiedene Sekten, neue religiöse Bewegungen und einzelne Gurus versuchen den Menschen, den Weg ins Paradies zu weisen. Manch einer versucht in fernöstlichen Ländern durch Yoga und Meditieren den Weg zum Göttlichen zu finden.

Meister Eckehart, ein mittelalterlicher Mystiker, hat uns einen Text hinterlassen, der uns genau in diesem Zusammenhang anspricht: „Du brauchst Gott weder hier noch dort zu suchen, er ist nicht ferner als vor der Tür Deines Herzens. Da steht er und harrt und wartet, wen er bereitfindet, der ihm auftue und ihn einlasse."

21. Februar

Ich bin immer wieder beeindruckt, wie kleine Kinder über einfache Dinge des Alltags staunen können. Ja, ihr Staunen geht sogar so weit, dass sie sich selbst fast vergessen. Haben Erwachsene diese Freude an oft einfachen Dingen des Lebens nicht schon fast verloren? Wer von uns kann denn noch die Zeit vergessen? Wer von uns kann sich denn noch ganz in eine Sache hinein verlieren?

Unter Erwachsenen herrscht eher Skepsis vor, Zurückhaltung und vorsichtiges Abwägen.

Kinder sind dabei ein Lehrmeister, sie lernen uns zu Staunen. Vielleicht könnten wir am heutigen Tag etwas so ganz Alltägliches und anscheinend Banales versuchen bewusster wahrzunehmen. Vielleicht könnten wir zumindest staunen, wie achtlos wir normalerweise daran vorbeigehen.

22. Februar

Ein Tourist darf in einem Kloster übernachten. Sehr erstaunt über die ganz einfache Einrichtung ihrer Zellen fragt er die Mönche: „Wo habt ihr denn eure Möbel?" Schlagfertig fragen die Mönche zurück: „Ja, wo haben sie denn ihre?" „Meine?" erwidert darauf der Tourist verblüfft. „Ich bin ja nur auf der Durchreise hier!" Da entgegnen ihm die Mönche: „Eben, das sind wir auch."

Diese kurze Episode hat sehr viel Wahrheit, die wir in unserer konsumorientierten Gesellschaft kaum mehr verstehen. Wir sind für und gegen alles Mögliche versichert, sorgen vor und vergessen dabei den Augenblick zu leben. Das Bewusstsein darum, dass wir auf Erden nur auf der Durchreise sind, ermahnt uns zu Wachsamkeit und einem bewussten Leben. Bewusst zu leben, heisst auch, sich seiner Endlichkeit bewusst zu sein und sich nicht bedingungslos und blind an die irdischen Güter zu binden. Das bedeutet aber auch, mit dem was wir haben, mit dem was wir besitzen einmal zufrieden zu sein und sich dafür dankbar zu zeigen.

23. Februar

Menschen sagen oft nicht mehr, wer sie sind, sondern was sie machen. Sie wollen durch Leistung und Arbeit ihren Wert beweisen.

In unserer erfolgsorientierten Gesellschaft wird der Wert eines Menschen sehr häufig über die erbrachte Leistung definiert – auch der Selbstwert, wenn wir dabei uns selbst ins Visier nehmen. In diesem Zusammenhang spielt es keinerlei Rolle, welche Bereiche des Lebens (Schule/Ausbildung/Job usw.) angesprochen werden. Diese stetige Entwicklung macht auch vor dem Nachwuchs keinen Halt. Das Streben nach Spitzenleistungen und Erfolg rückt immer mehr in den Mittelpunkt.

Definiere deinen Wert (Selbstwert) nicht (nur) über das was du machst, sondern darüber wer du bist!

24. Februar

Kommunikation ist in unserem Leben etwas enorm Wichtiges! Wenn Menschen miteinander kommunizieren, dann tauschen sie sich gegenseitig Informationen aus und teilen sich einander mit. Kommunikation ist grundlegend für jede Beziehung. Es ist wichtig, sich einander mitzuteilen, ansonsten verkümmert jede Beziehung.

Voraussetzung für eine gute Kommunikation ist eigentlich das Zuhören. Wenn ich einem anderen Menschen zuhöre und probiere, ihn zu verstehen, dann öffne ich mich und verändere mich dadurch. Durch das Zuhören komme ich weiter, durch Zuhören kann ich lernen zu verstehen und kann zu neuen Ansichten kommen.

„Verstehen verändert!" Um zu verstehen, muss ich mir aber die Mühe nehmen, den anderen kennen zu lernen. „Verstehen verändert!" Veränderung ist wichtig im Leben. Das Leben selbst besteht aus Veränderung. Die nötige Offenheit, andere Menschen zu verstehen, die wünsche ich uns allen – weil verstehen verändert!

25. Februar

Der grosse Wunsch des Menschen nach ewiger Jugend und Unsterblichkeit ist aktuell. So könnte „man" das genetische Material eines Menschen von Generation zu Generation weitergeben. Und ein Mensch würde aussehen wie der andere. Da könnte „man" ja so richtig schöne Menschen züchten, eine Welt nur mit Supermenschen.

Da muss ich ehrlich sagen, dass das Wissen um meine Vergänglichkeit richtig wohltuend ist. Das heisst, dass ich vergänglich bin, aber das heisst auch gleichzeitig, dass ich als Mensch ein Original bin. Das bestätigt mir: mich gibt's nur einmal und ich bin in meiner Einzigartigkeit. Es ist doch schön, wissen zu dürfen, dass wir Menschen nicht ein Zufallsprodukt oder ein Zuchterfolg dieser Welt sind, sondern dass wir zu unserem begrenzten Mensch-Sein gegenseitig JA sagen dürfen.

26. Februar

Schau dir doch mal deine Hände an! Unsere Hände sind ein wunderbares Werkzeug. Sie können nicht nur Schnürsenkel binden, knüpfen, Türklinken drücken. Hände können auch etwas mitteilen. Sie können dabei zärtlich sein, umarmen und weil es den Menschen gut tut, auch heilende Kraft spenden.

Wir können nur ahnen, was für eine Kraft von unseren Händen ausgeht. Wenn wir in die Bibel blicken, so entdecken wir, dass auch Jesus meistens die Menschen, die er geheilt hat, mit seinen Händen berührte.

Ja, unsere Hände entfalten eine enorme Kraft, wenn wir sie positiv einsetzen. Sie entfalten zum Beispiel Kraft, wenn Schwächere vom Stärkeren an der Hand genommen werden; sie entfalten Kraft, wenn sie liebgewonnene Menschen segnen; sie entfalten Kraft, wenn sie arbeiten und den Anderen und mir selbst zu Gute kommen.

Lass dich berühren und schenke Berührung.

27. Februar

In der Kindheit hörten wir "Schäm dich!" oder "Du solltest dich schämen!", und wir spürten, dass Scham etwas Schmutziges und Schlechtes sein muss. Scham wurde in der Erziehung oft mit Schuld gekoppelt. Das war eine Anleitung zu Gedanken, mit denen wir uns später oft selbst die Würde nehmen und uns selbst schlecht beurteilen und behandeln. Als erwachsene Menschen ist es jedoch von Nöten und an der Zeit, Scham und Schuld voneinander zu trennen.

Scham kann auch etwas Gutes und Positives sein. Scham schützt deine Intimität und die gehört nur dir.

28. Februar

Es ist eine komische Aussage, die von der Heiligen Theresia von Avila damals aufgeschrieben wurde: „Gott bewahre uns vor trübseligen Heiligen!" Heilige sind Vorbilder – und die sollten nicht traurig oder düster sein.

Bekanntlich ist auch in der Bibel nirgends erwähnt, dass Jesus gelacht hätte. Aber Jesus hat die Froh-Botschaft verkündet: eine Botschaft des Lebens und der Freude.

Das Lachen als Ausdruck der Freude bewirkt viel. Es könnte auch in unseren Kirchen viel bewirken, wenn die an Ostern Erlösten auch ein wenig erlöster aussehen und wirken würden.

Das herzhafte Lachen ist kein Sakrament, aber es bewirkt viel in einem Menschen und kann ihn auch ein Stück weit die Freude der Frohen Botschaft erfahren lassen.

Ich wünsche, dass Ihr heute ein liebes Lachen geschenkt bekommt oder selbst schenken könnt! Seid dankbar dafür!

29. Februar

Schaltjahre und somit der 29. Februar sind in unserer Zeitrechnung erfunden worden, damit die Unregelmässigkeiten unserer Zeitbestimmung wieder ins Lot kommen. Die Unregelmässigkeit unserer Zeitrechnung bezieht sich jedoch nicht nur auf das Datum des 29. Februars. Will man seinen Geburtstag oder vielmehr die Stunde der Geburt alsdann feiern, wenn Tag und Stunde übereinstimmen, so ist dies für jeden Menschen nur alle vier Jahre möglich. Wer heute Geburtstag hat, tut richtig, wenn er gestern gefeiert hat oder dies am 1. März nachholt. Der an einem anderen Tag Geborene, der meint, seinen Geburtsmoment nach dem Datum zu feiern, irrt meistens – nur alle vier Jahre nicht.

Sei dankbar für das Leben – egal ob einen Tag zuvor oder danach!

MÄRZ

01. März

„Nobody is perfect!" Das sagen wir eigentlich schnell einmal, wenn einer unserer Ausrutscher nicht zu stark bewertet werden und auf Verständnis stossen soll. Wenn es allerdings um andere Menschen geht: die sollen möglichst vollkommen sein. Ich denke, das geht vielen so. Was sollen Politiker, aber auch, was sollen Ärzte, was Richter, was Arbeitskollegen nicht alles perfekt können? Auf jeden Fall "fehlerlos sein".

Aber Fehlerlosigkeit und Perfektion ist kein menschlicher Massstab. „Nobody is perfect!" – auch heute nicht.

Nobody is perfect

02. März

„Lernen macht Menschen glücklich. Und am glücklichsten macht es Menschen, wenn sie aus eigenen Fehlern lernen." Dieses Zitat gefällt mir und ich kann ihm nur zustimmen. Doch aus Fehlern lernen kann ein Mensch nur, wenn andere da sind, die ihm Zeit gönnen und Zutrauen schenken und sich engagieren mit Phantasie, Wissen und Liebe.

Es macht Menschen glücklich, wenn Fehler und Schwächen überwunden werden – jener, der daraus gelernt hat und der andere, der dazu geholfen hat.

Bestimmt gibt es auch heute eine Möglichkeit dazu – denn Fehler entdecken wir jeden Tag – ein Potenzial daraus zu lernen und glücklicher zu werden.

03. März

„Muss man denn hier erst gestorben sein, damit sie einen leben lassen?", diese Worte stimmen nachdenklich. „Muss man denn hier erst gestorben sein, damit sie einen leben lassen?", diese Worte schreien nach Akzeptanz, sie sehnen sich nach innerlichem Frieden – aber sie fordern uns auch heraus.

Tatsächlich sind die Hölle und das Fegfeuer für so manchen Menschen bereits zu Lebzeiten. Wenn wir beim Tod eines Menschen beten: „O Herr, gib ihm bzw. ihr die Ewige Ruhe!" dann dürfen wir uns auch bewusst sein, dass die Ewigkeit nicht nach dem Tod beginnt, sondern ewig meint immer – auch jetzt. Denken wir daran: Es muss nicht erst einer gestorben sein, um ihn leben zu lassen!

04. März

„Vergiss es!" So kann man es häufig von jungen Menschen hören, das heisst, es lohnt nicht, sich zu ärgern, es lohnt sich nicht, Gedanken für etwas zu verwenden. Es lässt sich nicht ändern. Es war nicht so gemeint. Und tatsächlich: manches muss man einfach vergessen, weil es keinen Sinn macht. – Doch der Ausspruch „Vergiss es!" kommt wohl oft zu schnell über die Lippen.

Wenn wir nur manchmal nicht so schnell vergessen würden. Aus der Vergangenheit könnten wir lernen, die Vergangenheit könnte uns helfen unser „Jetzt", unsere Gegenwart und so auch die Zukunft besser und sinnvoller zu gestalten. Die Erinnerung ist Lehrmeisterin für die Zukunft – auch deine Erinnerung, darum: „Vergiss nicht zu schnell!"

05. Mai

Von Erich Kästner stammen die Worte: „Die Leute sagen immer, es wird immer schlimmer". So hören wir ja auch oft die Menschen klagen, die Bürokratie, die Politiker, und überhaupt, das Wetter, die Jugend, die Kriminalität, die Werte zerfallen, Moral, Sozialwesen, Natur gehen zu Grunde.

Und früher, so lautet der Umkehrschluss, soll ja alles besser gewesen sein.

Da gefallen mir besonders die optimistischen Worte Carl Zuckmayers, der gesagt hat: „Die Welt ist nicht gut, aber sie kann besser werden!

06. März

Eines der Kultworte unserer Zeit heisst „Lebenserwartung". Statistiker haben es bis auf die Stelle nach dem Komma genau ausgerechnet, wie alt im Durchschnitt wir werden. Wir haben wohl hoffentlich noch andere Erwartungen an das Leben: Glücklich wollen wir sein und gesund bleiben bis ins hohe Alter. Wir wünschen uns angenehme, liebe Mitmenschen, den Frieden im Grossen und im Kleinen. Dazu schöne Erlebnisse, Genuss und Wohlstand, zumindest keine Not und Armut. All das und noch manches mehr ist ebenfalls unsere „Lebens-Erwartung".

Da frag ich mich, ob Lebenserwartung nur mit Zahlen ausgedrückt werden kann. Was erwartest du heute?

07. März

Warum sich heute anstrengen? Warum sich morgen anstrengen? Die anderen haben doch so viele Ideen. Wenn man sich aber zu lange von den anderen unterhalten, ja leben lässt, traut man sich bald selbst nichts mehr zu – man wird zum reinen Konsument, um nicht zu sagen: zu einem schamlosen Schmarotzer.

Und doch habe ich das Gefühl: Jeder will dennoch fordern. Trauen wir uns zu, eigene Ideen zu entwickeln und zu verwirklichen? Was wir aus unserem Leben machen, können nur wir selbst entscheiden. Das kann und wird uns niemand abnehmen und nehmen. Wenn wir unsere Welt selbst gestalten, auch mit ausgefallenen Ideen, wird unsere Welt und unser Leben bestimmt einzigartig schön und origineller. Wir sind Akteure in unserem Leben, nicht nur Zuschauer.

08. März

Wenn wir Schwierigkeiten mit einem Mitmenschen haben, dann dürfen wir auch überlegen, dass mit uns selbst etwas nicht stimmt. So paradox es scheinen mag: Es gibt keine Schwierigkeiten im Umgang mit anderen. Wenn mich jemand ärgert, mir auf die Nerven geht, stimmt etwas mit mir nicht ... Da können wir uns ja fragen: Wie kann ich jemandem so viel Macht über mich geben, dass er mich ärgern kann? Wie kann ich jemandem die Macht geben, zu entscheiden, ob ich gelassen oder genervt bin, ob ich fröhlich oder traurig bin? Wenn wir jemandem so viel Macht verleihen, müssen wir auch die Konsequenzen tragen ...

09. März

Seit Jahrzehnten investiert die Pädagogik viel Zeit und Mühe, um den pünktlichen Menschen zu produzieren. Mit viel Erfolg, wie uns von Menschen anderer Kulturen immer wieder bestätigt wird, denn in anderen Kulturen gibt es oft einen ganz anderen Zeitbegriff.

Heute werden die Spätfolgen der menschengemachten Uhrzeit und deren Pünktlichkeit offensichtlich und Menschen beginnen immer mehr daran zu leiden. Hätten wir beispielsweise nicht weniger Stress ohne Pünktlichkeit? Hätten wir nicht mehr Flexibilität? Hätten wir nicht schlussendlich mehr Menschlichkeit?

Wenn Sie diese Gedanken jetzt in den Tag begleiten, dann denken sie daran: Pünktlichkeit ist nicht zu verwechseln mit Zuverlässigkeit! Denn die Zuverlässigkeit nimmt den Menschen in seiner Situation als Mit-mensch wahr.

10. März

Unser Gesicht sagt viel aus. Bei der Wahrnehmung des Gesichtes, spüren wir schnell, ob einer gut oder schlecht drauf ist. In den Augen erkennt man die Müdigkeit oder Traurigkeit.

Im Antlitz sprechen sich auch Beziehungen aus. Wir spüren, wie wohltuend und heilend liebende Aufmerksamkeit ist, wie wichtig es ist, wahrgenommen zu werden, ein „Ansehen" zu haben. Es kann aber auch verletzend sein, wenn jemand, der körperlich da, mit den Gedanken ganz woanders ist. Es gibt Eigenheiten und erstrebenswerte Qualitäten, die für dich selbst und andere gut sind und gut tun. Diese lassen sich fördern. Denk daran: Wenn du lächelst, übst du das Lächeln. Wenn du grübelst, übst du das Grübeln. Wenn du aufmerksam bist, übst du die Aufmerksamkeit.

11. März

Jeder Gedanke, ist wie ein Samen den wir in die Erde legen. Jetzt im Frühling, entscheiden wir uns, was wir im Sommer an Blüten sehen wollen, welche Früchte wir im Herbst ernten möchten und worauf wir uns im Winter ausruhen. .

12. März

„Und Gott wird alle Tränen von ihren Augen abwischen" dieses Psalmwort lässt mich die Liebe, Güte und Menschenfreundlichkeit Gottes erahnen. Einem andern die Tränen abwischen, das ist eine besonders vertrauensvolle und liebevolle Geste - gegenüber Kindern und auch unter Erwachsenen. Gott ist mir nah, nimmt teil an meinem Leben, an Freude und Schmerz und hält aus bei mir – in allen Lebenssituationen. Und wenn er meine Tränen abwischt, verliert der Schmerz seine Kraft.

Aber: ein starker Mann, eine tapfere Frau weint nicht! Diese komische Einstellung wurde unserer Gesellschaft oft vermittelt.

Gottes Nähe und Menschenfreundlichkeit kannst du spüren! Vielleicht ist es Zeit eine Träne rollen zu lassen, damit Gott oder ein geliebter Mensch sie dir abwischen kann.

13. März

„Je grösser die Weisheit, desto kleiner die Galle". Diese Aussage Nietzsches ruft uns zur Gelassenheit auf. Der Weise schleppt Enttäuschungen und Kränkungen nicht mit sich herum und hat seinen Unmut überwunden. Wer wütend und gefrustet sich in etwas festbeisst, der könnte Galle kotzen.

Weisheit hat damit zu tun, dass man sich selbst nicht so wichtig nimmt und weiss, dass man weder Mittelpunkt ist, noch sein will. Weisheit ist sich der Vergänglichkeit bewusst und rückt alles ins rechte Licht.

Ich wünsche dir eine möglichst kleine Galle am heutigen Tag.

14. März

Ora et labora" lautet die benediktinische Lebensgrundhaltung; „bete und arbeite".

Dieser klösterliche Gedanke mag uns heute oft fremd und eintönig vorkommen. Wo bleiben da Genuss, Wellness, Hobby und Spass? In der Tat ist die Wirkung des „ora et labora" gar nicht hoch genug einzuschätzen. Arbeit, vor allem körperliche, war in der Antike den Sklaven und Mägden vorbehalten.

Das „ora et labora" des Hl. Benedikt lässt uns heute erkennen, dass wir durch unsere Tätigkeit in der Arbeit dem Leben auch Sinn und Kraft verleihen können. Dann ist Arbeit vielleicht mehr als nur eine Geldquelle. „Ora et labora!"

15. März

Um ein erfülltes Leben zu führen, müssen wir lernen, die Dinge so zu sehen, wie sie sind – nicht wie wir sie uns wünschen.

Es ist wichtig, Ziele zu haben, Dinge im Leben zu ändern – doch immer nur im Rahmen des Machbaren und Sinnvollen. Alles andere ändern zu wollen, kostet uns Energie und macht mit der Zeit unglücklich. Die Realität holt uns ja so oder so immer wieder ein. Oft verlieren wir jedoch den Bodenkontakt und ignorieren die Realität. Gerade der Alltag lässt uns aus einer tiefen Quelle des Da-Seins schöpfen. Darum wünsche ich uns den Mut, Dinge zu verändern, die man wirklich auch sinnvoll ändern kann und die Gelassenheit, alles andere so anzunehmen, wie es ist.

Daran können wir wachsen und reifer werden.

16. März

Zeiten ändern sich. Denk- und Verhaltensweisen, Meinungen und vor allem, was Hip und Hop ist, unterliegen dem Wandel der Zeit. Mit Sicherheit würden die viel bewunderten Schönheiten vergangener Jahrhunderte heute, vor allem in den Gewändern, in die sie sich damals hüllten, nur Verwunderung hervorrufen und hinnehmen müssen, dass man sich über sie lustig macht.

Auch viele Bücher, die in den vornehmen Kreisen sich einst grosser Beliebtheit erfreuten und die man gelesen haben musste, würde man heute schnell zur Seite legen.

Was für die Kunst gilt, gilt gleicherweise für die Moral. An den Textstellen, an denen die Öffentlichkeit oder die Behörden einmal Anstoss nahmen und sich veranlasst sahen, polizeilich einzuschreiten, würde heute niemand Anstoss nehmen.

Zeiten haben sich geändert. Du selbst bist aber derselbe, von deiner Geburt bis zum Tod, auch wenn du täglich eine Entwicklung durchmachst.

Versuch dich selbst zu sein – egal welche Denk- und Verhaltensweisen im Moment prägend und aktuell sind. Viele davon vergehen.

17. März

Wie viele Bücher und Filme erzählen die Abenteuer von besetzten Städten - welche die feindliche Armee nicht einnehmen konnte - bis zu dem Moment - wo schlussendlich ein „Verräter" von innen her aus den eigenen Reihen einen Zugang öffnete. Nun, auch wir selbst haben einen inneren Verräter. Sein Name ist „Angst"!

18. März

Bei einer Fusswallfahrt nach Madonna del Sasso, war der Weg auf einem Teilstück fast nicht mehr zu erkennen. Mühsam liefen wir durch den Wald und suchten nach dem „roten Punkt", der Markierung, der uns wieder den richtigen Weg zeigen würde. Vergebens.

Nach längerer Zeit fand ich am Boden ein Bonbonpapier – Spuren der Zivilisation. Die Erleichterung war gross, hier musste schon mal einer gegangen sein. Und tatsächlich: Nicht weit entfernt entdeckten wir die Markierung. Wir waren wieder auf dem richtigen Weg.

So ist das mit den Spuren: Sie sind sichtbare Zeichen dafür, dass jemand vor mir an dieser Stelle gewesen ist. Nicht nur in der Natur, auch im Alltag stossen wir jederzeit auf Spuren. Jeder und jede von uns hinterlässt Spuren. Spurlos lebt niemand.

Manchmal braucht es aber kein Bonbonpapier. Ein offenes Herz und offene Augen genügen, um in der Welt und den richtigen Weg wahrzunehmen. Jede Umarmung, jede Geste der Versöhnung, jede herzliche Zuneigung ist wie ein Bonbonpapier auf verlorenem Weg.

19. März

Heute feiert die Katholische Kirche das Fest des Heiligen Josefs. Nicht viel wissen wir über diesen Mann aus Nazareth. Die Bibel erzählt nichts davon, dass er etwas uns Überliefertes gesprochen hätte. Er ist immer der grosse Hörende! -- der grosse Hörende von Engelsstimmen, der grosse Gehorchende in der Heilsgeschichte, jener der "ganz Ohr" war. Durch sein Hin-Hören, dank seinem Hin-Horchen konnte Gott in dieser Welt überhaupt Mensch werden.

Das Fest von St. Josef ist wohl das Fest der Gehörlosen, im übertragenen Sinn, denn in einer Welt mit so viel Lärm, Krach und Geräuschen brauchen wir Vorbilder, die hinhören, zuhören und anhören.

20. März

Worte können treffen wie spitze Pfeile - mitten ins Herz. Worte können Beziehungen vergiften, Menschenleben auslöschen.

Rainer Maria Rilke sagte: Ja, ich werde vorsichtiger mit Worten. Ja, ich fürchte mich manchmal vor meinen eigenen Worten. Aber vielleicht ist diese Angst der einzige Weg, wahrhaftig zu werden.

Ich spüre aber auch, wie Worte wohltuend sein können: tröstend, begleitend, ansprechend, aufmunternd oder unterstützend.

Worte haben Kraft: aufbauende oder zerstörende! Die Kraft der Worte spielt täglich in unserem Leben. Nehmen wir sie doch von ihrer positiven Seite auch heute in Anspruch. Und denk daran: Deine Sprache verrät dich!

21. März

Gute Eltern wissen - dass sie ihren Kindern - nachdem sie sie erzogen und auf sie aufgepasst haben - die Freiheit lassen müssen und sie nicht an sich gebunden halten dürfen. Sie haben ihnen das Leben geschenkt und werden sie leben lassen. Dies geschieht aus Liebe, denn Liebe ist niemals besitzergreifend, Liebe beschenkt.

22. März

Arbeit sehen wir meistens nur als bezahlten Beruf in der Erwerbsarbeit. Und viele Menschen sind traurig und besorgt, weil sie keinen Erwerb (mehr) haben. Das Thema bereitet vielen Sorgen: Arbeitslosigkeit, Mangel an Ausbildungsplätzen, Abschied vom Lebensberuf usw. In unserer Gesellschaft ist Arbeit auf Erwerbsarbeit eingeschränkt. Was nicht bezahlt wird, wird immer nur abgewertet und unterbewertet, wie z. Bsp. Hausfrauenarbeit.

Wir sollten uns überlegen, was uns die Arbeit bedeutet. Wir leben nicht zum Arbeiten, sondern wir arbeiten um zu leben! Wenn wir den Menschen nicht nur nach seinem Tun beurteilen, was er leistet, sondern den Menschen in seiner Würde anschauen, dann haben wir einen ersten Schritt gemacht. Und erwerbslos heisst nicht würdelos. Mit dem Gedanken geht es vielen vielleicht einfacher den heutigen Tag zu bestreiten.

23. März

Auf meinem Schreibtisch steht zurzeit ein kleiner Bergkristall. Kein besonders schönes Stück. Der Kristall selbst hat gar keine besondere Farbe, die bekommt er von der Sonne, wenn sie durchs Fenster scheint. In ihrem Licht sind alle Farben verborgen; mit ihren Strahlen schickt sie ihre Farbenpracht in den Kristall hinein. Und je nachdem, von welcher Seite man ihn dann anschaut, – sieht man ihn in den verschiedensten Farben leuchten.

So farblos wie ein Bergkristall mag uns auch unser Leben ab und zu erscheinen. Vielleicht liegt es dann an uns, den Stein mit seiner blassen Farbe ins rechte Licht zu rücken.

24. März

Du erkennst einen wahren geistig Suchenden nicht nur daran - dass er sich seine Fehler eingestehen darf, sondern auch, dass er bereit ist, daraus zu lernen und die Situation zu verändern. Die Stärke des Weisen liegt im Anerkennen - dass er sich getäuscht hat. Wer das Gefühl hat, perfekt und fehlerfrei zu sein, wird niemals weise. Ich kann der erste sein, der die anderen grüsst und ein freundliches Wort sagt.

25. März

Wenn wir berühmte und erfolgreiche Menschen näher betrachten, werden wir in vielen Fällen etwas Gemeinsames an ihnen entdecken: Alle strebten ursprünglich ein bestimmtes Ziel an, ohne zu ahnen, was schlussendlich auf sie zukommen würde. Christoph Columbus wollte eigentlich beweisen, dass die Erde keine Scheibe ist und hat dabei Amerika entdeckt. Alexander Graham war fasziniert von der Aufzeichnung der menschlichen Stimme und hätte sich nie gedacht, dass er eines Tages ein weltweites Telefonnetz schaffen würde.

Diese Tatsache lehrt uns etwas!

Wir können vor uns hin träumen und fantasieren, so viel wir wollen; doch solange wir nicht aktiv werden, werden wir unsere Wünsche und Träume nicht realisieren. Heute ist uns ein neuer Tag geschenkt, an dem wir Gelegenheit haben, unsere Fähigkeiten und Gaben einzusetzen.

26. März

Wenn wir uns auch manchmal einsam, verlassen und ohne Kräfte fühlen, hat es keinen Sinn grossen Projekten und Ideen hinterher zu laufen. Gerade dann ist es wichtig, sich auf das zu besinnen, was uns schon geschenkt ist. Denn nur allzu oft können wir uns am Kleinen und Unscheinbaren nicht erfreuen, weil uns die Unmasse von käuflichen Gütern blendet. Wir Menschen müssen neu lernen, das zu erkennen und zu schätzen, was uns Kraft gibt. Doch diese Dinge werden uns nicht von der Werbung angepriesen; dies verlangt die Feinfühligkeit und Aufmerksamkeit der Menschen.

27. März

Wer sich die Wüste vorstellt, denkt auch bald einmal an die Oasen, diese kleinen grünen Inseln inmitten des Sandmeeres. Wer durch die Wüste zieht, freut sich auf die Oasen und kann sie kaum erwarten. Wie wohltuend ist es, sich im Schatten der Bäume auszuruhen, sich mit klarem Wasser zu erfrischen und neue Lebenskraft zu schöpfen. Doch Oasen sind für die meisten Menschen nur ein Durchgangsort, nur wenige bleiben für immer. Sie stärken sich, ruhen aus und ziehen dann weiter. Auch auf unserem Lebensweg, der oft anstrengend und trocken ist wie die Wüste, brauchen wir solche Oasen. Orte und Momente, in denen wir neue Kraft schöpfen können.

28. März

Menschen die sich lange in der Wüste aufhalten und der grossen Hitze ausgesetzt sind, erleben manchmal eine Sinnestäuschung - oder eine Fata Morgana, wie sie auch noch genannt wird. Sie meinen etwas zu sehen, das es in Wirklichkeit an dem Ort gar nicht gibt. Es ist eine Täuschung, der sie mit enormem Kraftaufwand hinterherlaufen. Nicht selten vergeuden sie dabei ihre letzten Kräfte.

Solche Fata Morganas gibt es auch in unserem täglichen Leben, auch in unserem Inneren. Wenn wir in unsere innere Wüste, ins eigene Herz, reisen, entdecken wir vielleicht auch solche Illusionen. Vielleicht erkennen wir, wie vielen Sachen wir im Leben aufopfernd nachlaufen, dabei unsere Kräfte verlieren und keine Stärkung und Erfüllung finden. Wie wichtig ist es doch, dass wir die Beziehungen zur Realität pflegen, zum Wesentlichen und nicht zu illusionären Luftspiegelungen, die nur an unseren Kräften zehren und uns leerpumpen. Beziehungen geben uns Kraft, sie sind nicht nur einseitig, sondern beschenken auch uns: Beziehung zu Gott, zu den Mitmenschen und auch zu sich selbst. Illusionen aber, geben mir nichts zurück. Illusionen sind beziehungslos!!! Ich wünsche Ihnen einen schönen Tag ohne Fata-Morgana.

29. März

Wie oft kämpfen wir um Platz im Rampenlicht – in Gesprächen, in Meetings, im ganzen Leben. Und wie anstrengend das sein kann. Dabei könnten wir uns zumindest ab und zu mal zurücklehnen ... durchatmen ... und sehen: Wir müssen gar nicht permanent glänzen und etwas leisten. Darum und um den Unterschied zwischen aufgeblasenem Ego und echtem Selbstwertgefühl geht's in dieser Folge. Lass die anderen heute im Mittelpunkt stehen, dann wird dein Leben leichter.

30. März

"Micro Speed, Macro Patience": Eine Einstellung für mehr Glück!
Geschwindigkeit im Kleinen heisst also, uns um den heutigen Tag zu kümmern und vor allem um die eine konkrete Aufgabe, die gerade ansteht, hier und jetzt und nicht fünf Aufgaben später.
Es heisst auch, dass wir Fahrt aufnehmen, um unsere Ziele zu erreichen, gleich handeln und nicht, wenn die Angst weg ist und wir perfekt vorbereitet sind und die Luftfeuchtigkeit im Raum ideal ist.
Und dass wir viel ausprobieren statt wie ich oft monatelang zu grübeln, ob irgendwas etwas für mich ist und funktionieren könnte.
Geduld im Grossen heisst, dass wir den Dingen die Zeit geben, bis sie Früchte tragen, weil das nur in den allerseltensten Fällen unmittelbar passiert

31. März

Mark Twains soll gesagt haben: «Ich bin ein alter Mann und habe viele Sorgen erlebt – von denen die meisten nie geschehen sind.» Wissenschaftliche Erkenntnisse besagen, dass rund 90 % der Sorgen und Ängste vergebens sind, weil sie nie eintreffen.

Was wir beeinflussen können, das sollten wir anpacken. Was wir hingegen nicht beeinflussen können, darüber sollten wir uns keine Gedanken machen.

APRIL

01. April

Am ersten April werden viele Leute mit einem kleinen Scherz aufgeheitert und – so hoffe ich – auch zum Lachen gebracht. Wenn uns das im Leben nur öfters gelingen würde – ohne uns auf Kosten anderer zu belustigen.

02. April

Der Mensch ist bei seiner Geburt biegsam und zart, bei seinem Tode steif und starr. Die Sträucher und Bäume sind bei ihrem Entstehen biegsam und saftig, bei ihrem Absterben trocken und dürr. Beweglichkeit ist ein Zeichen dafür, dass ein Mensch jung und dynamisch bleibt – und dies nicht nur körperlich.

03. April

Eine alte chinesische Legende erzählt von einem Kaiser, der auszog, das Land seiner Feinde zu erobern und die feindlichen Nachbarn zu vernichten. Einige Zeit darauf sah man ihn zusammen mit seinen Feinden in ihrem Land beim gemeinsamen Essen, Spielen und Scherzen. "Wolltest du nicht deine Feinde vernichten?", fragte man ihn. "Ich habe sie doch vernichtet. Denn ich machte sie zu meinen Freunden!"

04. April

„Du bist Du und Ich bin Ich". Das ist die Lebenshaltung vieler Menschen. Jede und jeder soll sich selbst verwirklichen. Jeder soll erst einmal auf sich selbst schauen! Und jeder soll tun, wie es ihm am besten geht.

„Du bist Du und Ich bin Ich". Lieber alleine, vielleicht sogar einsam, aber unabhängig; statt gebunden und voneinander abhängig. So gehen heute viele Menschen durch ihr Leben und das alleinige Motto ist die Selbstverwirklichung.

Selbstverwirklichung und zu sich selbst zu finden – das ist wichtig im menschlichen Leben, aber ich bezweifle, ob wir zu uns selbst finden, wenn wir nur um uns selbst kreisen!? Die Bezogenheit auf meine Mitmenschen lässt mich sehr viel von mir selbst erkennen! Unsere Eigenständigkeit wird durch Beziehungen nicht eingeengt. Im Zusammenleben in Verantwortung mit den Mitmenschen können wir uns entfalten.

05. April

Rituale geben den Menschen Halt im Leben, besonders in schwierigen Zeiten. Immer mehr und mehr Menschen kommen zur Überzeugung, dass Rituale eine wichtige Bedeutung haben und eine Hilfe im Leben sind. Hat man in den 68er-Jahren eher versucht von Ritualen und Gleichbleibendem weg zu kommen, so hat man die Kraft gewisser Handlungen jetzt neu entdeckt.

Und schon haben Lifestyle-Magazine darauf reagiert und veröffentlichen Inserat von Ritualbegleitern und sogar Ritualdesignern. Vielfach sind diese Rituale geprägt von fernöstlicher Spiritualität und sind manchmal ziemlich exotisch.

Das Wiederkehren und Neuentdecken von Ritualen ist nicht zufällig. Der rasche Wandel unserer Lebenswelt und die damit verbundene Unsicherheit erzeugt Angst und Stress. Rituale helfen in der Situation, weil man nicht jeden Tag voll und ganz neu strukturieren und gestalten muss! Rituale geben Sicherheit und das Gefühl mit anderen Menschen verbunden zu sein. Darum sind Rituale in den Religionen so wichtig. Doch jedes Ritual hat auch nur seine Kraft, wenn man diese bewusst vollzieht. Probieren wir doch heute 2-3 alltägliche Sachen ganz bewusst zu vollziehen: dann können wir uns den Ritual-Designer ersparen.

06. April

Viele Menschen haben schon früh in der Kindheit aufgehört zu spielen, zu lachen und den Augenblick zu geniessen, weil sie entweder viel Verantwortung für andere übernehmen mussten oder weil die Menschen um sie herum traurig und nicht glücklich waren.

Niemand ist zu alt, um nicht wieder mit dem Spielen beginnen zu dürfen und das Kind in sich zum Lachen zu bringen.

07. April

Pizza essen kann anstrengend sein! Das tönt komisch, aber für viele Menschen ist das so. Nicht das Essen selber ist gemeint, aber die Qual der Wahl. Auswählen können – das ist Freiheit. Aber nur wenn man auch mit Sicherheit, ohne Zweifel und ohne Reue, das Richtige nehmen kann.

Unsere Freiheit, die doch allen Menschen so wichtig ist, verursacht aber auch vielfach Entscheidungsprobleme und Selbstzweifel. Die Auswahl im Leben wird immer grösser und breiter! Unsere Welt, unsere Möglichkeiten sind wie in einem grossen Supermarkt. Das ist Freiheit!!! Aber genau diese Freiheit, diese Multioptionsgesellschaft, ist für viele Menschen ein neues Gefängnis.

Bin ich froh, finde ich in unserer Gesellschaft Wegweiser, die mir in dem riesigen Supermarkt noch eine Richtung angeben: zum Beispiel durch die Charta der Menschenrechte, durch sinnvolle Gebote oder Verbote im Glauben, durch die Weisheit älterer Menschen etc. Ich fühle mich dadurch viel freier – weil ich so den Weg geniessen kann und meine Kraft nicht mit dem Suchen vergeuden muss.

08. April

Ein und aus. Ein und aus. Nein, ich schalte nicht ein Gerät ein und aus! Ich beobachte mich selbst – meine Atmung. Der Atem steht auch am Anfang der Bibel. Gott schuf den Menschen und schenkte ihm seinen Lebensatem. Der Atem macht uns zu lebendigen Wesen. Atmen, diese Lebendigkeit, hat mit Loslassen zu tun. Was ich in mir habe, muss ich wieder frei geben; ich darf und kann es nicht behalten. Dafür kann ich in mich wieder Neues aufnehmen. Loslassen und empfangen: das schenkt uns Leben – aber nicht nur beim Atmen. Das ist auch sonst im Leben der Fall. Vielleicht ist heute der Tag, etwas los zu lassen, an dem ich mich krampfhaft festklammere und dabei so viel Kraft verschwende. Los-lassen: das gibt Raum für Neues, für Freude, Kraft und Leben!

09. April

„Meine Zeit steht in Deinen Händen!" Ein neuer Tag liegt vor uns, den wir gestalten können, ein Tag, der uns geschenkt ist. Hast du dich heute schon mal selbst ganz bewusst wahrgenommen? Hast du die Kraft des Lebens, ihre Lebendigkeit schon gespürt? Für die meisten wird es wohl ein Tag wie viele andere sein: sie sind auf dem Weg zur Arbeit, am Frühstückstisch oder beim Erledigen des Haushaltes. Wir nehmen einen Tag nach dem anderen - einfach so wie es gerade kommt. Ohne Gedanken zu verlieren, lassen wir uns vom Trott des Alltags bestimmen. Ich möchte dich heute daran erinnern, dankbar zu sein: dankbar für dein Leben, mit seinen positiven und auch manchmal weniger schönen Seiten.

10. April

Woher komm ich? Wer bin ich? Wohin geh ich? Fragen, die uns eigentlich alle beschäftigen, bewusst oder unbewusst. Fragen, über die Bibliotheken geschrieben wurden und so manch gescheiter Theologe und Philosoph sich schon den Kopf zerbrochen hat.

Auch wenn jeder von uns ein Original ist und seine Eigenständigkeit auch zu leben und entwickeln sucht, sind wir doch alle geprägt und beeinflusst von unserer Vergangenheit. Im Besonderen unsere Eltern haben unsere Vergangenheit geprägt. Vielleicht nicht durch grosse Worte, eventuell auch mit ihren Fehlern und menschlichen Schwächen. Aber lassen wir nur schon die Arbeit sprechen, die sie für uns verrichtet haben: die geschruppten Fussböden, die gewaschenen Kleider, die Nahrung für Leib und Seele, die uns hat wachsen und reifen lassen.

11. April

Hast du heute neben dem Krach vom Wecker, der Kaffeemaschine und neben dem Autolärm schon das Zwitschern und Pfeifen der Vögel gehört? Oder hast du gestern neben dem Blick in den Bildschirm des Computers oder des Fernsehers auch die Schönheit des Frühlings beachtet? Staunend in der Natur verweilen zu können, ist wohl einer der ersten Schritte, um Schönheit wahrzunehmen. Kinder sind uns da oft ein grosses Vorbild.

Die Politik fordert Sofortmassnahmen im Umweltschutz, die Kirchen predigen von Schöpfungsbewahrung -- doch was nützt es, wenn wir für die Schönheit der Natur, die uns umgibt nicht dankbar sein können. Dann bleibt der Umweltschutz wohl nur ein egoistischer Überlebenskampf der Menschheit.

12. April

„Was dich nicht bricht, macht dich stark!" Das ist eine Aussage Nietzsches. Jeder Mensch macht in seinem Leben auch negative, ja vielleicht sogar leidvolle Erfahrungen. Wenn es uns dabei persönlich trifft, haben wir zu beissen, empfinden vielleicht Wut oder Trauer und dann fragen wir uns, was soll denn das alles. Wir denken so, weil wir momentan von einer negativen Erfahrung voll und ganz gefangen sind.

Dazu gibt es eine sehr schöne Geschichte, die uns Liebe und das Getragen sein von Gott näher bringt.

Da sah ein Mann in alten Tagen, wie in einem Film auf sein Leben zurück. Sein Leben war wie ein Spaziergang am Strand dargestellt. Er sah zwei Spuren im Sand: die eine von ihm, die andere von Gott, der ihn begleitet hat. Doch in schwierigen Zeiten, konnte er nur eine einzige Spur entdecken. So fragte er Gott: „Warum hast du mich in schwierigen Zeiten allein gelassen mit meinen Sorgen und Ängsten!? Da hätte ich dich ja wirklich am nötigsten gehabt." Gott gab ihm zur Antwort: „Ja, in schwierigen Zeiten siehst du nur eine einzige Spur, weil ich dich in jenen Tagen und Stunden getragen haben!"

13. April

In Paris überreichte ein Dichter einer Bettlerin am Wege kein Geldstück, sondern legte in ihre ausgestreckte Hand eine halbverblühte Rose. Lang ist die Frau nicht mehr zum Betteln zurückgekehrt. Nach einigen Tagen sass sie wieder auf ihrem Platz, stumm und starr wie früher. „Wovon mag sie die ganzen Tage gelebt haben?" fragten sie die Leute. Die Bettlerin sie wusste es: „Von der Rose"! - denn der Dichter hatte ich ihrem Herzen geschenkt, nicht ihrer Hand.

14. April

Es wird von einem Indianer erzählt, der die Welt eines weissen Mannes erleben wollte. Der weisse Mann hat ihm voller Stolz sämtliche Errungenschaften gezeigt: verschiedene Maschinen, Computer, Radio und Fernseher.

So haben die beiden dann auch eine Spritzfahrt gemacht. In irrsinnigem Tempo sind sie durch die Gegend gerast. Die Bäume und Häuser sind nur so an ihnen vorbei geflitzt. Nach einer Stunde befahl der Indianer anzuhalten und forderte den weissen Mann auf, sich mit ihm an den Strassenrand zu setzen.

Nach einer Weile fragte der Weisse, was das denn soll und wieso sie nicht weiter fahren. Da gab ihm der Indianer zur Antwort: „Hab Geduld, wir müssen warten bis die Seele nachkommt!"

Wie der Indianer sollten auch wir uns ab und zu hinsetzen und warten, bis die Seele wieder bei uns ist.

15. April

Vielen Menschen graust vor Spinnen. Diese komischen langbeinigen Tierchen, die jetzt im Frühjahr wieder überall zum Vorschein kommen. Wenn man in der Natur so ein Spinnennetz näher betrachtet, sieht man dann auch bald, dass ein Faden eine ganz spezielle Bedeutung hat. Es ist der Faden, der nach oben geht. Würde man ihn durchtrennen, dann würde das gesamte Netz in sich zusammen fallen.

Auch für uns ist der Faden, der nach oben geht, ganz wichtig! Wenn wir die Bedeutung dieses wichtigen Fadens vergessen oder gar abtrennen wollen, dann wird auch darunter vieles kaputt gehen.

Die Verbindung nach oben ist für uns lebenswichtig und ermöglicht uns, unser Lebenswerk, unser Netz voll zu entfalten.

16. April

Kennst du den geheimsten Ort der Welt. Einen geheimen Platz, den sonst niemand kennt. Für Kinder ist der ganz private Ort vielleicht unter dem Bett, wenn sie älter sind, dann vielleicht schon ihre Baumhütte und auch Erwachsene haben vielleicht ihren Lieblingsplatz, an dem sie gerne von Zeit zu Zeit alleine sind. Dahin sollte sonst niemand kommen.

Dort kannst du offenlegen, was du denkst: deine Meinung, deine Zweifel und Fragen.

Dort kannst du offenlegen, was du fühlst: deine Sehnsüchte, deine Ängste und deine Träume.

Überall gibt's den geheimsten Ort: Zuhause, in der Fremde, bei der Arbeit, in der Freizeit, im Glück und auch in traurigen Stunden. Überall gibt's ihn – den geheimsten Ort der Welt. Überall! Überall in dir!!

17. April

Berge sind etwas sehr Faszinierendes! Etwas Besonderes ist ihre Ruhe und Gemächlichkeit, die sie ausstrahlen. Dabei sind sie wie ein Mahnmal um uns herum. Wir leben schnell. „Dalli, dalli", heisst unser täglicher Rhythmus und die Menschen haben unzählige Maschinen erfunden und erdacht, die immer schneller und immer produktiver arbeiten, speichern, sich bewegen und auch kontrollieren – viel schneller als wir denken können. Und jetzt laufen wir atmungslos und gehetzt der Geschwindigkeit dieser Maschinen nach. Viele der Erfindungen des Menschen haben uns zu ihren Sklaven gemacht.

Die Berge ruhen ganz still und unbewegt in der Hektik. Der Berg lehrt uns zu verweilen und zur Besinnung zu kommen.

18. April

Berge sind etwas sehr Faszinierendes! Etwas Besonderes ist auch das Erlebnis des Echos, vom Wiederhall in den Bergen, welches man beim Schreien oder sogar beim „Jutz" hören kann. Kinder und Erwachsene sind nicht selten erstaunt über das Phänomen.

Unsere zivilisierte Welt ist nämlich mehr oder weniger echo-los. In unserer Welt kommt wenig zurück – nicht nur äusserlich an Geräuschen, leider auch innerlich. Die Welt ist stumpf und resonanzarm geworden, unsere Umwelt gibt uns meistens kein Echo!

Es tut gut, ein Erlebnis auch in der Seele ausschwingen zu lassen und ihm nachzuhören, wie einem Echo in den Bergen.

19. April

Berge sind etwas sehr Faszinierendes! Von besonderer Schönheit sind natürlich auch die vielen klaren Bergseen und die Quellen, die sie speisen mit klarem und sauberem Wasser.

Der Weg zur Quelle darf auch in unserem Leben nicht vergessen gehen. Es ist nicht immer so einfach, weil wer zurück zur Quelle geht, der schwimmt gegen den Strom, der wird Widerstand empfinden, der muss gegen den Trend antreten und viele werden nur den Kopf schütteln.

Aber wer bei der Quelle ankommt, dem wird es gut tun, wird die Klarheit und Einfachheit schätzen!

20. April

Berge sind faszinierend! Aber vielfach auch etwas Gefährliches. Um die Gefahr zu verringern, binden sich Berggänger mit einem Seil. Das Seil gibt ihnen Sicherheit, aber es braucht auch ein grosses Vertrauen in die anderen! Es ist tatsächlich ein seltsames Gefühl, so aufeinander angewiesen zu sein und die Verantwortung füreinander zu übernehmen.

Das ist auch im Leben wichtig! Jeder Mensch ist angewiesen auf die Mithilfe anderer und jedem Mensch tut es gut, zu merken, von anderen gebraucht zu werden! Jede Seilschaft ist somit irgendwie ein Symbol für unsere konkrete Lebenssituation.

21. April

Auf Geburtstagskarten oder in den Wünschen des Wunschkonzerts im Radio hören wir immer wieder den Satz: „Bleib wie du bist!!!" Gemeint ist diese Aussage sicher gut und im Positiven, aber wenn man die Worte genauer betrachtet, ist es ein sehr negativer Wunsch. Eigentlich müssten wir sagen: „Bleib auf keinen Fall, wie du bist!", weil alles Lebende und Lebendige ist einer ständigen Verwandlung unterworfen. Alles was lebt, wandelt sich.
Wer sich nicht wandelt, erstarrt und bleibt stehen. Darum kann ich uns allen nur wünschen: „Du, bleib ja nicht, wie du bist!"

22. April

Ein altes Sprichwort sagt: „Aus den Augen, aus dem Sinn!" Ja, es wird uns heute wirklich viel vor die Augen gesetzt. Ich denke da an die vielen Eindrücke, die wir nur schon durchs Fernsehen aufnehmen. Da werden ganze Lebensgeschichten innerhalb einer Stunde gezeigt. Was aus unseren Augen ist, sollte nicht auch bereits aus unserem Sinn sein. Erinnerung an die Vergangenheit lässt uns erst die Zukunft gestalten! Wer seine Vergangenheit leugnet, baut seine Zukunft auf einem schlechten Fundament. Dürfen wir doch nicht einfach sagen: „Aus den Augen, aus dem Sinn!" Da denke ich ganz spontan an den Satz von Antoine de St. Exupery, der sagt: „Das Wichtige ist für die Augen unsichtbar!"

23. April

„Liebe macht blind!" heisst ein gutbekanntes Sprichwort. Das passt doch niemals besser als jetzt in den Frühling. Wer selbst schon verliebt war bis über beide Ohren oder verliebte Menschen beobachtet hat, geht mit mir sicher einig, dass diese Menschen um sich herum nicht viel wahrnehmen und voll und ganz sich ihrer Zweisamkeit widmen. Da kann man wirklich sagen: „Liebe macht blind!"
Aber vielleicht sollten wir eher sagen: „Verliebt sein, macht blind!" Wirkliche Liebe sollte nicht blind machen, sondern uns die Augen öffnen – für die Not und Sorgen der Mitmenschen. Wahre Liebe verschenkt sich, teilweise sogar aufopfernd und stellt nicht das eigene Erlebnis in den Vordergrund. Da darf die Liebe tatsächlich nicht erblinden lassen! Weil wahre Liebe öffnet uns immer den Blick auf den Mitmenschen. „Liebe macht nicht blind!"

24. April

„Reden ist Silber, Schweigen ist Gold!" – ein Sprichwort, das man des Öfteren hört. Ich habe meine liebe Mühe mit dieser Aussage und wahrscheinlich viele andere Menschen auch. Nicht, weil es mir so enorm schwer fallen würde, einen Moment zu schweigen, aber bei den Extremen von „Reden ist Silber und Schweigen ist Gold!" vermisse ich das Zuhören.

Ein indianisches Sprichwort sagt zum Beispiel: „Höre zu, sonst macht dich deine Zunge taub!" Das Zuhören ist nicht eine passive Sache. Nein! Es fordert uns immer wieder heraus. Zuhören: unsere inneren Stimme, der Stimme Gottes, den Mitmenschen und unser Umwelt. Darum würde ich sogar lieber sagen: „Reden ist Silber, Zuhören ist noch mehr als Gold!"

25. April

„Sag mir, was du liest und ich sage dir, wer du bist!" Diese Aussage könnte man auch auf andere Lebensbereiche beziehen als nur auf die Lektüre. Zum Beispiel könnte man auch formulieren: „Sag mir, was für Musik du hörst und ich sag dir wer du bist!" Was wir bewusst konsumieren und auf uns wirken lassen, sagt auch viel über unseren Charakter aus. Unsere Gewohnheiten und unser Konsumverhalten verraten viel von unserer inneren Einstellung und Überzeugung!

Umgekehrt müssen wir doch auch zugeben, dass alles, was wir auf uns zukommen und wirken lassen, unser Leben und unseren Charakter beeinflussen.

Muss ich denn alles aufnehmen, was mir angepriesen wird?

26. April

Fürs Essen, für unsere tägliche Nahrung und unser Aussehen machen wir enorm viel. Die Menschen in unseren Breitengraden haben ein ausgeprägtes Gesundheitsbewusstsein und vielfach einen übertriebenen Körperkult. Für die äusseren Bereiche wird viel Geld und Zeit investiert. Da gibt es Ernährungsberatung und Fitnessclubs.

Der Mensch hat aber auch ein Innenleben, das oftmals zu kurz kommt.

Vielleicht sollten wir uns doch auch um die Fitness unserer Seele kümmern. Die braucht ab und zu vielleicht auch Spezialkost. Oder wie wärs mit einer seelischen Kosmetik – zum Beispiel mit einem besinnlichen Tag oder einem Moment der Ruhe und Betrachtung. Auch das tut gut!!

27. April

Lenin soll gesagt haben: „Vertrauen ist gut, kontrollieren ist besser!" Ich bin nicht so sicher, ob Kontrolle tatsächlich immer besser ist als das Vertrauen!?

Vertrauen ist die Basis des menschlichen Zusammenlebens. Vertrauen ist wie ein Kredit, den ich dem Mitmenschen gebe. Das Wort Kredit kommt vom Lateinischen und meint Glaube (Credo). Wenn ich einem Menschen vertraue, gebe ich ihm einen Kredit – das heisst: ich glaube an diesen Menschen; an seine Fähigkeiten, an seine guten Seiten im Leben.

28. April

Wenn eine Gazelle am Morgen in Afrika aufwacht, weiss sie, sie muss schneller laufen als der Löwe, ansonsten wird sie gefressen. Und der Löwe weiss, dass er schneller sein muss, als die langsamste Gazelle, sonst wird er verhungern.

Diese Beschreibung der afrikanischen Savanne lässt uns glauben, dass man nur überleben kann, wenn wir immer schneller sind.

Ist das auch bei uns so? Ich denke an gehetzte Manager, 24-Stunden-Service, Hotline, Leistungssteigerung etc. im Alltag.

Wir leben nicht als Tiere in der afrikanischen Savanne – wir überleben vielleicht nur, wenn wir uns auch ab und zu Ruhe gönnen.

29. April

Die Zeiten, da die Landkarte der Erde noch weisse Flecken unerforschten Landes hatte, sind vorbei. Auch in fernen Ländern ist alles erschlossen. Jeder Quadratmeter unseres Planeten ist ausgemessen und registriert. Wo bleibt denn da das Abenteuer des Unbekannten?

Wenn auch die Landkarte der Erde keine weissen Flecken unerforschten Landes mehr bietet, unsere Seele hat noch genug davon. Die Seelenreise ins eigene Herz hat noch viele unbekannte Stellen vor sich, denn das Allerinnerste, das Zentralste unserer selbst ist für uns persönlich ein Geheimnis, ein Abenteuer. Man ist nie angekommen auf dem Weg zu sich selbst.

Fass den Mut und lass dich ein, auf das Abenteuer des Lebens!

30. April

Verdorbene Speisen zu essen, davor hüten sich die Menschen; sie wissen, dass es nicht gleichgültig ist, was sie in ihren Magen tun. Beim Essen sind Menschen vorsichtig.

Verdorbene Gedanken aber der Seele zuzumuten, darüber machen sich die wenigsten Menschen Gedanken. Das ist allerdings sonderbar. Wir haben eine Hygiene des Essens; aber es kommt uns nicht in den Sinn, ob es nicht auch eine Hygiene des Sehens, des Hörens, des Lesens gebe.

Denn auch bei Gesehenem und Gehörtem können wir Verdauungsschwierigkeiten bekommen. Das Bio-Label wäre vielleicht auch für unsere Seele gut.

01. Mai

Heute am ersten Mai ist der Tag der Arbeit. Arbeit kann uns einen Lebensinhalt schenken, fordert uns heraus und lässt uns auch erkennen und erfahren, dass unsere Fähigkeiten von Nutzen sind. Für erwerbslose Menschen ist oft nicht das Geld das grösste Problem, sondern das Gefühl, nicht gebraucht zu werden oder gar unnütz zu sein.

Arbeit ist weit mehr als nur ein Verdienen des Lebensunterhalts. Dennoch müssen und dürfen wir uns fragen: Arbeite ich zum Leben oder lebe ich zum Arbeiten.

02. Mai

Die Vorstellungen vom Jenseits sind sehr verschieden und manchmal auch sehr komisch, wenn nicht sogar unterhaltsam. Der Himmel ist für viele ein Luftkurort mit einem angenehmen Klima, das Fegefeuer eine Art Rehabilitationsstation und die Hölle eine miese Kneipe, in der allerdings die interessanteren Leute anzutreffen sind. Für andere wieder ist ein Jenseits ohne ein Wiedersehen mit ihren Haustieren unvorstellbar.

Wie wär es, wenn wir uns nicht aufs Jenseits vertrösten würden, sondern daran arbeiten, dass der Himmel hier auf Erden zu Lebzeiten Wirklichkeit würde? Auch du kannst heute, dort wo du bist, mit bauen!

03. Mai

Wenn du Garantien im Leben haben willst - dann willst du nicht das Leben. Du willst dann ein Drehbuch - das bereits geschrieben wurde. Unser Leben ist kein Drehbuch. Es gibt keine bleibenden Garantien, denn das Leben schreibt seine Geschichte jeden Augenblick neu.

04. Mai

Wer auf die Zukunft angstvoll wie ein Kaninchen auf die Schlange starrt, wird sich selbst lähmen. Der erstarrt. Wer immer nur rennt wie ein gejagter Hase, weil er mehr und mehr tun oder haben will, wird sich schliesslich selbst verlieren.

Der Hase hat Angst – ja, der Angsthase. Sie gehört zu ihm und auch zum Leben eines jeden Menschen. Aber denke daran: Die Angst ist nicht dein Feind, sie ist wie ein kleines Kind in dir, das vergessen hat, das wir von Gott geliebt sind.

05. Mai

Nicht das, was vorher geschehen ist oder was jemand getan oder nicht getan hat, verursacht ein schlechtes oder lähmendes Gefühl, sondern die Gedanken und der Wert, die wir dem Geschehenen beimessen. Achte auf deine Gedanken, bevor du jemand anderen oder dich selbst verurteilst.

06. Mai

Fehler waren Erfahrungen, denen tatsächlich etwas gefehlt hat: vielleicht Aufmerksamkeit, das nötige Wissen oder Liebe. Aber Fehler sind auf jeden Fall Erfahrungen, auch wenn ihnen etwas gefehlt hat und jede Erfahrung macht dein Leben reicher und wertvoller. Hab den Mut, dich aus der Selbstfolter des ‚Perfektionismus' zu befreien.

07. Mai

Wenn du eine Welt voller Freundlichkeit, Liebe und Frieden wünschst, dann fang an dich selbst und dein Leben zu lieben. Schenke dir und den Menschen um dich die nötige Wertschätzung

08. Mai

Ein Plakat, das mich sehr beeindruckt, zeigt einen Cello spielenden Mann vor den Trümmern einer Stadt. Versunken spielt er, scheinbar nur für sich, doch wir sehen sein Spiel, andere haben es gehört, während das Bild entstanden ist. Es hat ermutigt und es macht Mut.

Am heutigen 8. Mai im Jahr 1945 war das offizielle Ende des Zweiten Weltkrieges. Vieles lag in Trümmern, der Darstellung auf dem Plakat gleich. Die Hoffnung hat Menschen weiter getragen, die Hoffnung hat ihnen eine Zukunft geschenkt. Die Hoffnung, den Tönen des Cellos ähnlich, möchte auch dich durchs Leben tragen.

09. Mai

Die Gewohnheit, unsere Mitmenschen ändern zu wollen, verhindert, dass wir etwas bei uns selbst ändern ... und das hat nichts mit Liebe zu tun!

10. Mai

Früher habe ich mich unglaublich über persönliche Briefe gefreut. Jeder persönliche Brief ist für mich etwas ganz Besonderes. Ich habe versucht auch zwischen den Zeilen zu lesen. Die Schrift und das Briefpapier haben oftmals schon etwas über den Absender ausgesagt. Jedes Wort hat Gewicht in einem solchen Brief. Jedes Wort wird wichtig genommen!
Seitdem es im Internet auch einen elektronischen Briefkasten gibt, ist das anders. Seither erhalte ich nicht nur Post mit einem wichtigen Inhalt und mit Wörtern, über die sich ein Mensch persönliche Gedanken gemacht hat, sondern auch viel unnützes, überflüssiges und lästiges Zeugs. Ich wünsche dir einen Tag mit einem sinnvollen Umgang mit dem Wort.

11. Mai

Ein Pionier des Wellnesstrends ist der gute alte Pfarrer Kneipp aus Bad Wörishofen. Noch heute gibt es viele Bücher und Produkte, die unter seinem Namen verkauft werden. Ein wichtiger Punkt in seiner Gesundheitstherapie ist die Ordnung. Die Ordnungstherapie von Pfarrer Sebastian Kneipp verlangt aber dem Menschen etwas ab. Ordnung machen, heisst aufräumen; Nützliches von Unnützem trennen und wieder einen Überblick verschaffen. Diese Ordnung kann auch unsere Umgebung betreffen; das ist ebenfalls wichtig für unsere Gesundheit. Davon spricht man auch im Feng-Shui. Aber Ordnung machen, betrifft auch die Seele, den Körper und den Geist.

Die Ordnungstherapie von Kneipp ist eine Gesundheitstherapie! Ja, Wellness ist nicht nur entspannen, in der Sauna schwitzen, Massagen geniessen und einfach nichts tun. Das ist ab und zu auch schön und wichtig! Wellness, sich wohl fühlen, sein Wohlbefinden pflegen, dazu muss man manchmal auch etwas tun. Viel Kraft und Ausdauer wünsche ich dazu!

12. Mai

„Sein eigener Herr wird man nicht dadurch, dass man jeden Chef abschafft." Einer der ersten Schritte besteht darin, für sein eigenes Leben die Verantwortung zu übernehmen – nicht nur in dem was wir tun oder nicht tun, sondern auch in dem was wir denken oder im Denken bewusst unterlassen. Dann ist es nicht mehr nötig negativ über seine Mitmenschen zu reden und zu denken. Denn das beeinflusst unser Handeln, indem es uns in eine negative Passivität versetzt.

Du selbst darfst auf die Bühne, du sollst nicht in den hintersten Reihen sitzen, denn wer könnte das Bühnenstück deines Lebens besser spielen als du selbst.

13. Mai

Design ist in unserer westlichen Gesellschaft ein Schlagwort geworden. Es gibt Designermöbel, Designerklammotten, Designerwohneinrichtung usw. Wichtig ist die perfekte Verpackung, das äusserliche Erscheinungsbild, der schöne Schein. Der Inhalt und die Qualität ist leider oft Nebensache. Design statt Sein, so lautet das Motto.

Wenn ich jedoch in meinem persönlichen Leben auf ein Selbstmarketing Wert lege, dann ist mein Lebensmotto: Sein statt Design!

Da finde ich Ermutigung zum Sein, zur inneren Freiheit - vor jeder Leistung und trotz jeder Erwartung . Wer sich von Gott geliebt weiss, muss nicht um jeden Preis um äussere Anerkennung kämpfen.

Sein statt Design, vielleicht ist das auch dein Markenzeichen?

14. Mai

„Die kürzeste Beschreibung für Religion ist: Unterbrechung", heisst es. Sich einen Augenblick Zeit nehmen, zur Ruhe kommen. Ich „unterbreche" mein Tun, meinen Alltag und nehme Abstand zu den alltäglichen Verpflichtungen, zu den routinemässigen Gewohnheiten meines Lebens. Kurze Unterbrechungen unseres Alltags tun gut und sind wichtig. Innehalten und Sich-Bewusst-Werden, Fragen des Lebens klären, Träume und Visionen entwickeln ... dafür müssen wir den Trott des Alltags durchbrechen. Religion ist Unterbrechung. Hab' doch heute den Mut „religiös" zu sein.

15. Mai

An Baustellen bildet sich leicht ein Stau. Das ist im Strassenverkehr so und auch sonst im Leben. Baustellen gibt es, glaube ich, in jedem Leben: denn mit der Zeit wird auch im Leben manches brüchig und durch die Zeit verschlissen und schadhaft. Irgendwann fangen die Glieder an zu schmerzen und ich weiss: ich sollte mehr auf meine Gesundheit achten. Im Beruf geht es nicht recht weiter, man müsste dringend ein paar Dinge klären. Das Leben staut sich, wo es Baustellen gibt! Deswegen ist es wichtig, an den Baustellen zu arbeiten, damit irgendwann das Leben ungehindert weiter gehen kann.

16. Mai

Stell dir eine Bank vor, die dein Konto jeden Morgen mit 86.400 Franken oder Euro gut schreibt. Der Betrag, den du tagsüber nicht nutzt, wird am Abend gelöscht. Was würdest du tun? Du würdest natürlich jeden Cent abheben und ihn nutzen!!! Jeder von uns hat so eine Bank – Ihr Name lautet ZEIT. Jeden Morgen schreibt sie dir 86.400 Sekunden gut. Investiere dieses Guthaben sinnvoll. Die Uhr läuft.

17. Mai

Um Heimat zu spüren und zu erfahren braucht es die Begegnung, die Beziehung mit Menschen. Es braucht Menschen, die einander annehmen, mit ihren Grenzen und Schwächen. Heimat verdanken wir Menschen, die uns geliebt haben und uns jetzt noch begleiten, Menschen die Trost und Hoffnung geben, Menschen, die einander gegenseitig ermutigen und einander verzeihen. Sie haben uns die Ehrfurcht und das Staunen beigebracht.

18. Mai

Mag der Mensch im Allgemeinen auch zum geselligen Wesen neigen, immer wieder muss er mit sich allein sein: er allein und seine vier Wände. Gefangene aus Lagern erzählen, dass dieses Bedürfnis übermächtig werden kann, bis hin zum Überschnappen. Gerade Menschen, die in einer Familie oder in einer anderen Wohngemeinschaft leben, sollten sich diesen Raum gegenseitig schenken, aber auch die Worte von Hans Wallhof nie vergessen: „Das Zuhause ist nicht nur eine Insel der Seligkeit, es ist auch das grosse Atemholen für die Aufgaben vor der Tür."

19. Mai

„Wo wohnst du?" haben die ersten Jünger Jesus gefragt. Er hat ihnen auf diese Frage nicht geantwortet, dass er in Betlehem geboren wurde und in Nazareth aufgewachsen ist, sondern er nahm sie mit zu den Menschen. Jesus brauchte die liebende Gemeinschaft - das war sein Zuhause. Im Gegensatz zu vielen anderen Göttern der damaligen Zeit, lebt der Gott Israels, der Gott Abrahams und Sahras und ihrer Nachkommen nicht verschanzt in einem Heiligtum, sondern in ihren Familien. Es ist ein Gott, der mit den Menschen unterwegs ist, egal wo sie sich im Moment aufhalten. Und dieser Gott ist auch heute mit dir unterwegs – suche Gott nicht verschanzt hinter Mauern.

20. Mai

Aufbrechen und Unterwegs-Sein, das Liebgewonnene zurückzulassen, Gewohnheiten zu ändern und auf eine unsichtbare Stimme zu hören, verlangt eine Riesenportion Mut und Vertrauen. Das ist das bewundernswerte an Pilgerinnen und Pilgern.

Vielleicht müssten wir manchmal genauer auf diese Stimme hören und die uns liebgewordenen Gewohnheiten und Sicherheiten aufgeben, um in ein besseres Land zu kommen: in ein Land, in dem wir uns wirklich entfalten können.

21. Mai

Es gibt Gemeinschaftsspiele, da darf man sich vorher die Farbe der Figuren auslesen und man darf wählen, wo die Sitzposition ist. Manchmal dürfen wir auch wählen, wer unser Mitspieler und wer unser Gegenspieler ist.

Was wählst du heute für dein „Lebensspiel"? Wählst du die Angst oder die Suche nach Schuldigen oder wählst du die Liebe, das Mitgefühl, das Verständnis, Respekt und Vertrauen. Oft haben wir mehr Wahlmöglichkeiten, als wir uns eingestehen – besonders bei uns selbst.

22. Mai

Es scheint, der Fussball ist zur Ersatzreligion geworden. Da wird vom heiligen Rasen gesprochen, Fussball wird zelebriert, ist Kult und Ritual. Vieles ist dem Fan beim Fussball ein Glaubens-Dogma: Der Beginn der Feier ist vielen heilig -- wie das Spiel ausgeht, liegt im Geheimen, das weiss nur der richtige Fussballgott, der das Schicksal des Spiels von aussen bestimmt. Für den einen geht die Welt unter, wenn er verliert, für den andern öffnet sich beim Sieg der Himmel.

Wenn der Ernst und die Wichtigkeit des gemeinsamen Zusammenspiels doch nicht nur im Fussball sondern auch im Alltag seinen Platz hätte. „Ist Gott rund"? – ich weiss es nicht, aber ich bin überzeugt: er spielt auch in unserem täglichen Leben mit.

23. Mai

Die Zeit ist kein Raubtier und kein Jäger, der dich stressen und hetzen will. Die Zeit will dich nicht unter Druck setzen, sie will nicht dein Gegner sein.

Die Zeit ist eine Gefährtin, die dich immer neu daran erinnert, jeden Augenblick zu geniessen.

24. Mai

„Der Fussball ist eben die wichtigste unwichtigste Sache der Welt.", das ist eine Aussage des ehemaligen Papstes Johannes Paul II. Fussball und Christentum haben so vieles gemeinsam: Das Wichtigste ist wohl Fair Play, ein ehrlicher Umgang miteinander und das Versprechen ehrlichen Umgangs mit sich selbst. Gut finde ich es, fair miteinander umzugehen, auch wenn ich den einen vielleicht nicht so mag, der mit mir oder gegen mich spielt. Toll ist, wer Grösse in der Niederlage zeigt – im Fussball aber auch im täglichen Leben. Fair Play – eine Tugend in der wichtigsten unwichtigsten Sache der Welt und im täglichen Leben.

25. Mai

Reliquien waren besonders im Mittelalter hoch begehrt. Alle möglichen Körperteile von Heiligen und Gegenstände, mit denen sie in Berührung kamen, wurden gehandelt und verkauft. Heute wird dies meist belächelt. Doch hat sich die Reliquienverehrung tatsächlich verändert und gehört sie wirklich der Vergangenheit an?

Das Wiener Dom- und Diozösanmuseum zeigte während einer Fussball-Europameisterschaft die Sonderaustellung "Helden-Heilige-Himmelsstürmer", die dem Verhältnis von Fussball und Religion gewidmet war. Als Vergleich waren neben Reliquien von Heiligen auch "Fussball-Reliquien" wie beispielsweis Trikots berühmter Spieler, Teile eines Tornetzes oder Rasenteile berühmter Stadien ausgestellt. Müssen wir wirklich diskutieren, ob der Reliquienkult damals so „abartig" war? Oder müssen wir uns fragen, was den Menschen damals und den Menschen heute heilig ist?

26. Mai

In der Schweiz kommt die frische Kuhmilch ins Holzchessi [-kessel], in Indien in ein Kupferg'schirrli [-gefäss]. Milch lagert in unterschiedlichen G'schirrli. Wenn wir Nidle [Rahm, Sahne] haben wollen, lassen wir die Milch über Nacht stehen. Am anderen Morgen können wir die Nidle abschöpfen. Das kann man in der Schweiz wie auch in Indien, ob Holzchessi oder Kupferg'schirrli! Über Nacht gibt es immer Nidle. Und um diese Nidle geht es.

Die Welt streitet sich, ob Milch in Holz oder Kupfer aufbewahrt werden solle. Die Welt streitet sich, ob die Milch aus diesem oder jenem Land besser sei.

Lassen wir uns doch nicht vom Gefäss ablenken! Das Gefäss ist notwendig, sonst kann man die Milch nicht über Nacht stehen lassen. Aber es geht doch nicht um das Gefäss. Es geht nicht einmal um die Milch – es geht um die Nidle!

27. Mai

"Was ist deine Leidenschaft, wofür brennst du?"... "Wofür bist du so richtig zu begeistern, wofür setzt du dich ein?" "Ja, also... ". "Was ist dir heilig?"
Die Frage ist auf den ersten Moment einfach zu beantworten. Was ist deine Leidenschaft? Da kennen wir unsere Hobbys, vielleicht ist es die Familie, vielleicht der Beruf oder das Eigenheim.
Schwieriger wird es bei der Frage, die ein wenig nachhakt und tiefer geht: was ist dir heilig? Wohl mancher Mensch wird bei der Beantwortung dieser Frage ins Stocken geraten.
Mit grösster Wahrscheinlichkeit werden auch sie heute tagsüber verschiedenen Menschen begegnen. Was wird ihnen selbst heilig sein? Was ist diesen Menschen heilig? Vielleicht lernen wir einander besser verstehen.

28. Mai

Wer blättert nicht mal gerne in einem Fotoalbum, um vergangene Zeiten aufleben zu lassen!? Und wer kennt nicht das Staunen über das, was da alles auf den Fotos abgelichtet ist!? Bin ich das wirklich selbst – dieses Kind mit krummen Beinen und den langen Locken? Dieser Jugendliche mit dem neugierigen Blick, in dem auch viel Angst und Misstrauen dem Leben gegenüber liegt? Man sieht sich, wie man einmal war, und manches sieht man gern, anderes drückt man eher mit einem verlegenen Lachen beiseite – nach dem Motto: dieses Kleid würde ich heute sicher nicht mehr anziehen. So vielfältig, so veränderbar, so vertraut, so fremd. Wer bin ich in dem Ganzen? Und wenn hinter den Fotos die inneren Bilder der Erinnerung zum Vorschein kommen, stösst man auch meistens auf beides: auf Stationen im Leben, mit denen man heute noch völlig im Einklang und im Reinen ist und auf manches, wo man sich fragt: wie konnte ich nur? Wie konnte ich nur so blind sein!? Man hat ein Bild von sich selbst, wer man war und wer man ist und wer man nicht ist und muss es doch immer wieder aufgeben, weil man auch von den anderen hört – nein, ich sehe dich doch ganz anders. Wer bin ich eigentlich? Wenn wir uns diese Frage ernsthaft stellen, erfahren wir auch unseren Mitmenschen anders: wir treten nicht mehr gegenüber, sondern wir begegnen einander!

29. Mai

Es erfordert grossen Mut, ehrlich zu sein. Eine der edelsten Eigenschaften eines Menschen ist die Fähigkeit zu sagen: „Entschuldige bitte, ich habe mich geirrt, du hattest Recht!" Es kommt nicht darauf an, Recht zu haben, einen Streit zu gewinnen oder meine Ideen akzeptiert zu wissen. Viel wichtiger ist, dass ich meine eigenen Fehler erkenne, Verantwortung für sie übernehme, die Lektion lerne und mit grösserer Reife weitergehen kann."

30. Mai

„Sie schauen dem lieben Gott ins Fenster", sagt ein altes tschechisches Sprichwort von Menschen, die zufrieden sind, ihre Zeit geniessen und dafür Dankbarkeit empfinden.

Und es braucht auch keinen grossen Aufwand, um dem Ziel unserer Sehnsucht nahe zu kommen. Wir brauchen nur in diesem Moment – hier und heute – die Augen zu öffnen für die kleinen Dinge um uns herum: für den Baum, in dessen Zweigen sich die Vögel niederlassen, für die Weite des Meeres, die Mystik der Berge und die Kraft des Sturmes.

Wenn wir die Augen aufmachen, wenn wir die Schönheit einer Blume bewusst sehen oder spüren, wie die Sonne uns wärmt; in der Erfahrung der Liebe, die unser Herz erfüllt…. ja, dann schauen wir dem lieben Gott ins Fenster!

Und sei gewiss: Der liebe Gott hat auch heute seine Fensterläden nicht geschlossen.

31. Mai

Der Ärger und das Staunen liegen oft nahe beieinander und sind treue Begleiter des Lebens!

Ich kann auf der Autobahn fahren und vor Zorn beben, weil einer ständig auf der linken Spur fährt und niemanden vorbeilässt. Ich kann mich ärgern, dass der Nachbar wieder einmal meinen Gruss nicht erwidert und einfach wegschaut.

Wenn ich so oder ähnlich denke, dann habe ich einen Feind. Mein Zorn richtet sich gegen ihn. Aber ich treffe schlussendlich nur einen: mich selbst. Ich schlafe schlecht, nicht er. Ich bin verletzt, nicht er. Ich trage es ihm nach – nicht er trägt die Last . Ist dieser Ärger nötig???

Wir können auch anders: Über vieles im Leben kann man sich nur wundern! Ich kann staunen über rücksichtslose Autofahrer und mich wundern, wie gedankenlos manche Mitmenschen sind. Ich kann staunen, statt mich zu ärgern. So bin ich viel entspannter und lasse mir nicht mehr die Laune verderben.

Wenn ich mir wirklich Gutes tun will, höre ich auf, mich zu ärgern. Und wenn ich mich selbst liebe, verzeihe ich meinem Feind und befreie mich von meiner Last.

01 Juni

Eines der schönsten Symbole ist die Rose. Sie ist ein Symbol der LIEBE! Wir staunen über das Wunder dieser Pflanze: Sie strahlt Schönheit, Wärme und Zärtlichkeit aus. Jeder Mensch braucht Liebe. Wir sind darauf angewiesen von unseren Mitmenschen geliebt zu werden, aber auch ihnen die empfangene Liebe weiter zu schenken.

Seit jeher ist die Rose ein Symbol der Liebe und ist auch im künstlerischen Bereich dafür benutzt worden. In alten Kathedralen, wie beispielsweise in der Notre-Dame in Paris, heisst das Fenster zum Westen hin „Rosenfenster". Bei jedem Anblick einer Rose sollen wir an diese wichtigste Fähigkeit des Menschen erinnert werden.

02. Juni

Wir können „Danke" sagen für alle Schlüsselfiguren in unserem Leben, die uns etwas aufgeschlossen haben. Menschen, die uns geprägt haben, die unser Leben beeinflusst haben oder uns die Tür zum Leben aufgeschlüsselt haben: Eltern, Geschwister, FreundInnen, Erzieher usw. Was wir in unserem Leben sind, haben wir nicht nur unseren eigenen Leistungen zu verdanken, sondern vielen Menschen, die uns begleiten und unser Dasein geprägt haben. Ihnen allen sind wir auch zum Dank verpflichtet.

Der Schlüssel erinnert uns aber auch an die „Schlüsselerlebnisse" unseres Lebens, Momente unseres Lebens, die uns eine bestimmte Richtung gegeben haben. Obwohl sie eigentlich der Vergangenheit angehören, sind sie heute in unserem Tun und Lassen noch wirksam. Sei dankbar im Leben für alles Schlüsselerlebnisse und Schlüsselfiguren.

03. Juni

Da war ein Mann, der hätte gerne einmal gesehen, wie es im Himmel und wie es in der Hölle ausschaut. Und Gott hat ihm seine Bitte erhört und ihm Folgendes gezeigt: Zunächst sah der Mann die Hölle: einen grossen Raum, in dessen Mitte ein riesiger Topf mit den köstlichsten Speisen. Rundum sassen Leute mit riesig langen Löffeln. Denken Sie sich diese Löffel über einen Meter lang. Alle hatten einen unersättlichen Hunger, der Hunger nach Liebe, den wir alle verspüren. Aber da jeder nur an sich selbst dachte und für sich am meisten wollte, konnte das bei diesen langen Löffeln nicht gelingen. Es war ihnen unmöglich sie zum Mund zu führen.

Im Himmel waren die äusseren Bedingungen gleich. Wieder der unersättliche Hunger nach Liebe, wieder die langen Löffel und die herrlichen Speisen. Aber hier herrschte eine gelöste und fröhliche Atmosphäre. Hier wurden alle satt! Wieso? Sie haben herausgefunden, dass das Essen mit diesen langen Löffeln nur gelingt, wenn ihn einer dem anderen hinhält. Im gegenseitigen Helfen war es also möglich.

Auf den Blickwinkel kommt es also an. Die kleine Änderung in der Blickrichtung entscheidet über Himmel und Hölle.

04. Juni

Wasser spendet Leben. Alles Leben kommt aus dem Wasser - wie wir aus dem Fruchtwasser. Und Wasser fiesst durch uns, bis wir sterben. Ohne Wasser wäre kein Leben existenzfähig. Wasser ist ein Geschenk des Lebens, wie auch wir das Leben geschenkt bekommen haben durch unseren Gott. Wasser ist ein Lebenssymbol an sich – ein Symbol des Lebens.

Und dennoch: Ich möchte nicht mit allen Wassern gewaschen sein!

05. Juni

Am auffallendsten sind an einem Rad sicher die Speichen. Doch jede dieser Speichen braucht eine Mitte, eine Nabe, die sie zusammenhält. Es ist auch diese Mitte, nach der sich die einzelnen Speichen ausrichten. Was ist der Drehpunkt in deinem Leben, der Punkt, an dem die verschiedenen Richtungen zusammenlaufen. Wenn wir uns in der Mitte verankern lassen, dann bleiben wir verbunden und haben einen Halt in guten und bösen Tagen. Wer sich aus der Mitte verlagert kann bei unwegsamem Gelände und bei höherer Geschwindigkeit leicht ins Schleudern kommen.

06. Juni

„Wo bist du?", fragte mich der Kollege nach der Sitzung. Erst dachte ich, er wollte meine Meinung zu irgendeinem Problem hören. Stattdessen wollte er nur wissen, wo ich heute meinen Wagen geparkt hatte. Meine persönliche Meinung war gar nicht gefragt, es ging um mein Auto. Der Satz „wo bist du?" hab ich total falsch aufgenommen.

Statussymbole werden oft gebraucht, um Menschen zu identifizieren. Schwierig wird es nur dann, wenn jemand sein Selbstbewusstsein vom Statussymbol, z.Bsp. vom Auto, abhängig macht. Wie dankbar bin ich, wenn ich auf die Frage: „Wo bist du?" über mich und nicht über meinen Wagen erzählen darf.

07. Juni

Bei einem Vortrag nahm der Professor einen Topf und schüttete Golfbälle hinein. „Ist der Topf voll?", fragte er seine Studenten. „Ja!", schallte es ihm entgegen. Da nahm der Professor Kieselsteine und schüttete sie in den Topf. Sie füllten die Lücken zwischen den Golfbällen. „Ist der Topf voll?", fragte er und wieder antworteten die Studenten mit „ja". Dann nahm der Professor Sand und schüttete auch ihn in den Topf und die Sandkörner füllten auch den letzten freien Zwischenraum im Topf.

Als das Lachen der Studenten abklang, sagte der Professor: „Dieser Topf ist wie ihr Leben. Die Golfbälle stehen für das, was ihnen wirklich wichtig ist. Wenn sie nun den Sand zuerst in den Topf schütten, bleibt für die Golfbälle zuletzt kein Platz mehr. Dasselbe gilt für ihr Leben. Wenn Sie ihre Energie zuerst in Kleinigkeiten investieren, bleibt für die wichtigen Dinge nichts mehr übrig. Achten Sie also zuerst auf die Golfbälle. Das Leben ist zu kurz, als dass es im Sand verlaufen sollte.

08. Juni

Hochbetrieb im Supermarkt. Hinter Plexiglasscheiben hell beleuchtet eine bunte Vielfalt von Brot: dunkles, helles, Früchtebrot, Roggenbrot, Olivenbrot, Fitnessbrot und noch viel mehr. Unschlüssig stehe ich vor der grossen Auswahl: Was soll ich nehmen? Zögernd schnappe ich schliesslich aus dem Fach das Fitnessbrot und bezahle. Da beobachte ich eine Frau mit einem Blindenstock. Na wie will die sich jetzt hier auskennen? Die sieht doch die Ware gar nicht!

– Kann ich Ihnen helfen? – frag ich. Sie antwortet: Ach sehr nett, danke, ich komme zurecht, ich weiss was ich brauche. – Sie geht zügig auf die Brote zu, nimmt eines und geht zur Kasse.

Wissen was ich haben will in einer Welt voller Möglichkeiten und Reize. Sich klar entscheiden im Labyrinth voller bunter Ware in den Geschäften und Internet-Shops. Wissen was man wirklich braucht und haben will. Weisst du heute, was du im Leben brauchst?

09. Juni

Augenblick mal! Wie viel Geld haben Sie mir jetzt gerade gegeben? Sie kommen bald dran, der Doktor hat gleich Zeit für Sie. – Nur einen Moment! Am Abend: Ein Tag voller Augenblicke und kleiner Momente geht zu Ende. Ein Tag voller kleiner Begegnungen, kurzer Gespräche, eines Wortwechsels im Mini-Format. Oft sind es nicht weltbewegende Ereignisse, die unsere Zeit verstreichen lassen, sondern viele kleine Augenblicke. Die meisten von ihnen vergessen wir schnell wieder, sind sie doch oft nur ein kurzer Atemzug – sie scheinen Nebensache. Ich find es schade, das Leben zu verpassen, nur weil ich immer meine: Augenblicke, kurze Momente, seien unwichtig. Vor Gott ist unsere ganze Welt und unser Leben nur ein Augenblick, heisst es. So unwichtig kann dann manche Banalität des Lebens gar nicht sein. Also: Moment mal! Was war heute für mich ganz besonders wichtig?

Jeder Augenblick ist von unendlichem Wert.
(Seneca)

10. Juni

„Hallo!" Sie alle kennen dieses kleine Grusswort. Früher diente es hauptsächlich dazu, über grössere Entfernungen hinweg auf sich aufmerksam zu machen, heute ist es zu einem Gruss geworden. Wer dieses „Hallo" entsprechend betont, kann damit ganz schön viel ausdrücken: sein Erstaunen ebenso wie seine Verwunderung. „Hallo" kann fragend und manchmal skeptisch oder auch kritisch klingen. Je nach dem. Ein praktisches kurzes Wort. Es stellt Beziehung her und kann neugierig machen auf mehr oder es kann eine unverbindliche Kontaktaufnahme sein. Ich bin ja froh, wenn bei manchen Leuten wenigstens ein „Hallo" über die Lippen kommt.
Ist ein „Guten Tag!", ein „Guten Abend!" oder ein „Behüt' dich Gott!" nicht aussagekräftiger! Dieser ausgesprochene Wunsch wird manchem Menschen gut tun!

11. Juni

Es gibt sie heute noch die Strahler! In jedem Steinbruch oder in den Bergen drehen sie jeden Stein um, um etwas Wertvolles zu finden. Diese Schatzsuche bei den Steinen ist mit der Suche nach dem Geheimnis des Lebens vergleichbar. Viele Menschen erblicken auf ihrer Lebens-Wanderung nur öde Felsblocken und erkennen die Schönheiten des Lebens nicht.

Wie die Strahler in den Bergen oft mühevoll und in stetiger Arbeit nach speziellen Stücken suchen, sollten auch wir mit offenen Augen durch unseren Alltag gehen, um nicht an den wertvollen und speziellen Augenblicken unseres Lebens vorbeizurennen. Nicht im Einschliessen in unsere Sorgen und Ängste erkennen wir die Edelsteine des Lebens, sondern indem wir offen sind, für das was uns umgibt.

12. Juni

Mit einem kleinen zerbrochenen Stück eines Spiegels kann man das Licht, den Sonnenschein, auf dunkle Stellen lenken, die das Sonnenlicht niemals erreicht - bis in die dunkelsten Ecken. Das ist ein Gleichnis für unser Leben. Obwohl wir nur Bruchstück sind, niemals vollkommen und unsere Ecken und Kanten haben, mit dem was ich bin und was ich habe, kann ich Licht werfen auf die dunklen Seiten im Herzen der Menschen. Mit Wahrheit, Verständnis, Wissen oder Vertrauen kann ich manches Dunkel erleuchten. So macht das Leben Sinn.

13. Juni

„Treppensteigen ist gesund!" sagen die Ärzte. Was hier eigentlich für den Körper gedacht ist, kann sinnbildlich auf unser gesamtes Leben übertragen werden. Auch viele grosse Heiligtümer verschiedenster Religionen sind nur über Treppen erreichbar: ich erinnere mich an den Gottesberg im Sinai, die Via Dolorosa in Jerusalem oder die Pyramiden in Ägypten und Mexiko. Von Stufe zu Stufe verläuft auch unser ganzes Leben: vom Säugling zum Kind, in den Jugendjahren, Erwachsenen und alten Menschen. „Treppen" führen immer nach oben und wachsen über den jeweiligen Standort hinaus. Wer seine Stufe schon als Endziel betrachtet, gibt auf und bleibt bei dem begrenzten Horizont des Treppenhauses.

14. Juni

Ein chinesisches Sprichwort sagt: „Der Mensch bringt seine Haare täglich in Ordnung, warum nicht auch sein Herz?!" Ich glaube, dieses Sprichwort sagt genug aus.

15. Juni

Mahatma Gandhi hat 7 soziale Sünden aufgezählt:

Politik ohne Prinzipien

Reichtum ohne Arbeit

Genuss ohne Gewissen

Wissen ohne Charakter

Geschäft ohne Moral

Wissenschaft ohne Menschlichkeit

Kult ohne Opfer

Ich möchte mich nicht über Mahatma Gandhi stellen, doch was ist ein Tag ohne Lächeln.

16. Juni

In den nächsten Wochen fliegen wieder viele Menschen in die Ferien. Am Flughafen sind die Sicherheitsvorschriften streng. Der Pass wird kontrolliert, die Daten verglichen, die Kleider und das Gepäck durchleuchtet. Diese Aktionen laufen eigentlich alle auf die Frage hin: „Wer bin ich?" – dieser Passagier! Wer bin ich? Reicht es aus, von mir Gesicht, Fingerabdrücke, Gepäckinhalt und Aufenthaltsort zu kennen?

Ich weiss, ich bin mehr als das, was in meinem Pass steht. Ich bin mehr als mein Beruf! Ich bin auch mehr als das, was meine engsten Freunde von mir wissen!

Und trotz mancher Schwächen oder Fehler – ich habe Wert und Würde, nicht erst durch das, was ich tue, sondern weil ich bin! Und es tut gut, sich dessen bewusst zu sein - nicht nur am Flughafen.

17. Juni

"Innerer Reichtum ist wie ein Glas Wasser: Bist du jung, ist das Glas klein und leicht zu füllen. Wenn du älter wirst, wird es grösser und dieselbe Menge Wasser füllt es nicht mehr. Man muss also das Glas des inneren Reichtums im Leben von Zeit zu Zeit auffüllen."

Lebenssinn ist nicht etwas, das wir ein für alle Mal bei unserer Kindheit oder bei der Ausbildung erhalten haben und dann so bleibt. In allen Bereichen des Lebens haben wir gelernt, uns weiter zu bilden: an Kursen und Fortbildungsveranstaltungen. Auch unser Glaube will zeitlebens gefördert und weiter entwickelt werden, damit er nicht im Erwachsenenalter noch in den Kinderschuhen steckt. Wann hat denn dein Glas den letzten Tropfen erhalten?

8. Juni

Reisen mit leichtem Gepäck – das erwartet Jesus von seinen Jüngern. „Nehmt keinen Geldbeutel mit, keine Vorratstasche und keine Schuhe!" sagt Jesus seinen Jüngern. Heute hätte er wahrscheinlich noch hinzufügt: Lasst auch die Kreditkarte und das Handy zu Hause! Das ist keine naive Herausforderung für uns heute, sich um nichts zu kümmern, aber:

Mit leichtem Gepäck reisen, darin steckt eine grosse Chance. Man kann sich nämlich auf das Wichtige konzentrieren: Auf die Begegnungen des Lebens.

19. Juni

Damals beim Eintritt in die obligatorische Schulzeit hat man uns prophezeit: Jetzt beginnt der „Ernst des Lebens".

Aber wird man diesen Ernst auch jemals wieder los? Werden wir ihn erst mit dem Tod wieder los?

Vielleicht kann das Alter auch neue Freiheit bedeuten, indem man sich erleichtert und entlastet, ein Stück vom Ernst des Lebens loslässt, Verpflichtungen abgibt. Es tut gut, wenn so der Ernst des Lebens wieder ein Stück zurücktritt und eine Spur von Leichtigkeit ins Leben kommen darf.

Die Kraft der Gelassenheit, die ältere Menschen erlangen können, sie ist wohltuend für unsere krank-gestresste Gesellschaft. Ein Stück weit befreit sein vom Ernst des Lebens. Im Alter wird aus dem Gesegneten der Segnende.

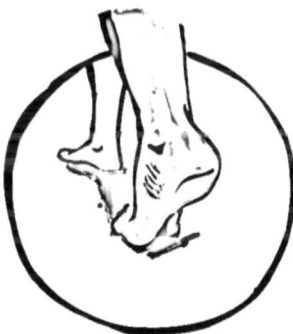

20. Juni

„Es ginge vieles besser, wenn man mehr ginge", sagt ein Sprichwort. Mir gefällt das. Gehen ist für mich praktische Lebensphilosophie. „Sich auf den Weg machen", „einen ersten Schritt wagen und dann Schritt für Schritt weitergehen" – diese Redewendungen wissen um die Kraft, die im Gehen liegt. Das Alte zurücklassen, um neue Horizonte zu entdecken. Darum geht es im Glauben immer wieder.

Die befreiende Wirkung des Gehens liegt darin, dass sich der Blick wieder weitet und wir so neue Perspektiven bekommen. Das kann ich auch auf meinen Lebensweg als Ganzes beziehen. Vielleicht ist heute dein Tag einen neuen Schritt zu wagen? Denn: „Es ginge vieles besser, wenn man mehr ginge"

21. Juni

"Es gibt keinen Augenblick im Leben, in dem wir nicht einen neuen Weg einschlagen könnten", sagt Charles de Foucault. Wir haben im Leben die Freiheit uns zu bewegen, körperlich und in Gedanken. Doch so mancher Tag erscheint uns im alten Trott. Altlasten begleiten uns vielleicht schon seit Jahren und so Manches hätten wir seit geraumer Zeit ändern wollen.

Heute ist vielleicht dein Tag, um deinen neuen Weg in Angriff zu nehmen, denn: "Es gibt keinen Augenblick im Leben, in dem wir nicht einen neuen Weg einschlagen könnten".

22. Juni

"Inmitten der Kochtöpfe ist der Herr zugegen." sagt Theresa von Avila. Ich denke nicht, dass Gott vor allem in der Küche zugegen ist, aber diese Aussage der Heiligen Theresa von Avila erinnert mich daran, dass Gott nicht nur im Besonderen, hinter heiligen Mauern, an Wallfahrtsorten und in Gottesdiensten zugegen ist, sondern auch in unserem Alltag; in dem was wir zum Leben brauchen, in unseren Grundbedürfnissen und Grundhandlungen. "Inmitten der Kochtöpfe ist der Herr zugegen." – in dem was du heute tust, in dem was du zum Leben brauchst – heute in deinem gewöhnlichen Alltag!

23. Juni

"Wenn du einen Brunnen gräbst, musst du an einem einzigen Ort graben", sagt eine alte Weisheit. Wer an vielen verschiedenen Stellen zu graben beginnt, verzettelt sich. Wer überall ein bisschen gräbt, wird nirgends Wasser finden. Wer nur an der Oberfläche kratzt, wird nicht zum Grundwasser in der Tiefe vordringen. Vieles ist gefragt in unserem Alltag und vielseitig ist unser Wirken und Handeln gefragt – das wird auch am heutigen Tag nicht anders werden. Doch alles können wir nicht! Unsere Kräfte sind begrenzt! Wir können nicht 100 Sachen gleichzeitig. "Wenn du einen Brunnen gräbst, musst du an einem einzigen Ort graben"! Tun wir doch heute unser Möglichstes – das reicht, dafür mit Herz und Verstand. Dann wird auch unser Tageswerk, wie der Brunnen, unser Leben und unsere Gemeinschaft bereichern.

24. Juni

Wer zur Quelle will, muss auch gegen den Strom schwimmen. Das passt manchmal nicht zum sogenannten "Main-Stream", zum Trend. Das erzeugt oft Widerstand oder ungläubiges Kopfschütteln. Doch es ist richtig zu hinterfragen, ob das, was die Mehrheit tut, dann auch das Richtige ist. Unsere Gesellschaft funktioniert nach gewissen Gesetzmässigkeiten aus Bereichen der Politik und Wirtschaft und übernimmt diese immer wieder neu. Jesus hat jedoch niemals das Gesetz, sondern den Menschen in den Mittelpunkt gestellt. Die Liebe zum Mensch ist die Quelle für uns selbst und die Quelle für andere! Wer zur Quelle will, muss auch gegen den Strom schwimmen und manchmal mehr auf Gott hören als auf die Menschen.

25. Juni

"Für ein Schiff, das seinen Hafen nicht kennt, ist kein Wind ein günstiger." Fragt sich nur, welcher Hafen der richtige ist. Welchen Hafen steuern wir an? Manche behaupten, der Weg entsteht im Gehen. Oder gar, der Weg ist das Ziel. Für viele Lebens-Situationen mag das stimmen. Oft geht es darum, einfach Mut zu fassen und einen Anfang zu wagen. Sich auf etwas einlassen, dessen Ausgang noch ungewiss ist.

Einen Weg entdecken und bereit sein, sich immer wieder neu zu orientieren. Auch wieder umzukehren, wenn sich die Spur verliert oder als ungangbar erweist. Der Weg entsteht im Gehen. Auch das ist eine Möglichkeit, sein Leben "Vorwärts zu leben". Leichter leben lässt es sich mit einem Ziel vor Augen, denn: "Für ein Schiff, das seinen Hafen nicht kennt, ist kein Wind ein günstiger."

26. Juni

Horoskope interessieren mich nicht. Es war ein reiner Zufall, als ich letzthin in einer Illustrierten unter meinem Sternzeichen folgenden Rat las: „Passen Sie auf, dass Sie nicht in einem festgefahrenen Lebensrhythmus handeln. Sie könnten sich um einige sehr bereichernde Augenblicke des Lebens bringen." Was mir hier ein unbekannter Astrologe vorschlug, fand meine Zustimmung, es hatte nur den einen Fehler, dass es auf eine ganz bestimmte Woche in meinem Leben abgestimmt sein sollte.

Gewohnheiten sind gut, aber sie machen auch blind: blind für die Umgebung, blind für die Mitmenschen und blind auch für den, der uns mit seiner Lebensfülle immer wieder überraschen und anstecken will.

Bist du heute bereit für eine Überraschung – für etwas Besonderes? Rechne ich überhaupt damit, dass Ungeahntes mein Leben durchkreuzen möchte?

27. Juni

Billy Wilder, ein bekannter Hollywood-Regisseur, setzte am Beginn fast aller seiner Drehbücher die Abkürzung c. d. - cum deo, mit Gott.

„Nicht, dass ich fromm wäre, aber es kann nicht schaden", lautete seine Begründung. Wilders Witz ist kein Witz um des Witzes Willen. Vielmehr beruht seine Antwort auf einer grossen Ernsthaftigkeit und Tiefe.

„...es kann nicht schaden!" hat er gesagt. Darin ist auch ein gewisser Zweifel erkennbar – zumindest kann er es nicht beweisen, er kann nur glauben.

Dieser neue Tag, der uns geschenkt ist, hat auch ein eigenes Drehbuch. Wollen wir nicht auch die Kürzel „c.d." – cum deo, mit Gott – an den Beginn setzen – trotz unserer Skepsis, trotz unserer Zweifel. Und vielleicht gerade deswegen!

28. Juni

Auf einer Kathedralbaustelle fragte ein Journalist interessiert einen Arbeiter, der gerade an einer Steinrosette meisselte, was er denn da tue und bekam die Antwort: „Ich arbeite, damit ich meine Familie ernähren kann." Beim nächsten Befragten, der an einer Statue Hand meisselte war zu hören: „Arbeiten und Schwitzen tu ich, das siehst du ja." Der Journalist war unzufrieden mit den Antworten und wollte die Baustelle schon verlassen, machte aber einen letzten Versuch bei einem Mann, der gerade Schutt in Kübeln abtransportierte. Der Mann stellte die Eimer ab und antwortete: „Das siehst du doch, ich baue mit am Dom."

Wie oft sind eigentlich wir uns bewusst, dass das, was wir tun, gut und wichtig ist, nützlich, dass es einem höheren Ziel dient? Auch wenn unsere Arbeit, unser Handeln manchmal nutzlos scheint und anscheinend nicht viel bewegt, es kann ein Beitrag, mein Beitrag, zu einem grossen Werk sein.

29. Juni

Ein weiser Rabbi sagte einmal: „Wer nicht eine Stunde am Tag für sich selber hat, verdient es nicht, Mensch genannt zu werden." Pause machen, zur Ruhe kommen, einfach nur da sitzen und in dieser Ruhe sich selbst und Gott begegnen. Da fühlt man sich wirklich als Mensch. Da spürt man dann den Atem kommen und gehen, das Herz schlagen. Man wird dankbar.

Ich kann mir schon vorstellen, was du jetzt denkst: Wie soll ich das nur machen? Hatte dieser Rabbi Kinder? Hatte er ein Telefon und ein Handy? Lebte der in unserer hektischen Zeit? Wo denkt er hin? Aber ist das ‚Pause machen' wirklich so schwer? Geht das wirklich nicht? Sind es wirklich nur die Umstände, in denen wir leben oder hat es auch etwas mit uns selbst zu tun? Steckt der Stress vielleicht in uns? Ich glaube, wir haben alle Angst, das Leben zu verpassen. Indem wir ihm hinterher jagen, verpassen wir es wirklich.

30. Juni

In der Schule lernen wir die Beugung: ich, du, er, sie, es.
Es gibt nicht nur eine deutsche Grammatik, es gibt auch eine sogenannt mitmenschliche Grammatik.
In der mitmenschlichen Grammatik sieht die Reihenfolge prinzipiell anders aus: an erster Stell ER, an zweiter Du, an dritter Ich.
Konjugiere das Leben einmal anders: nit ich, du, er, sondern ER, Du, Ich.

JULI

01. Juli

Einige von uns werden heute schon in den Spiegel geschaut haben. Möglicherweise hat sich die Begeisterung über das dort gesehene Bild in Grenzen gehalten. Aber sei getrost: Meist glätten sich die Züge nach dem Frühstück bis zu einem gewissen Grad von selbst.

Für viele Menschen ist das Schlimmste der Stress zum Selbst-Styling, denn man hat uns in den letzten Jahren eingeredet: sei attraktiv und vor allem sei trendy!

Der Mensch wird behandelt wie ein wirtschaftlich erfolgreiches Markenprodukt und degradiert sich oft leider selbst dazu.

Aber mächtige Giganten haben keine Gefühle, sie kennen nur Umsatz und Absatz. Was ist, wenn sich die Produktnachfrage ändert oder Themen wie Krankheit und Alter aktuell werden?

Unser Selbstwertgefühl sollten wir nicht von aussen und irgendwelchen Idealen bestimmen lassen, dann können wir auch unser leicht zerknautschtes Bild im Spiegel sympathisch finden.

02. Juli

Unsere Gesellschaft könnte man mit einem riesigen Karussell vergleichen, das sich jedes Jahr schneller dreht. Wer nicht festgeschnallt ist oder keine Platzkarten hat, droht hinunter zu fallen und verletzt zu werden.

Das Bild ist treffend. Doch wer treibt das Karussell eigentlich an? Das ist sicher einerseits von aussen die Konkurrenz. Andrerseits sind wir aber auch selbst dafür verantwortlich, weil wir immer wieder das System des Perfektionismus und des Leistungsdenkens unterstützen.

Wir Menschen brauchen Pausen, Erholung und Stille. Wer stets auf dem Karussell bleibt, der wird krank!

In diesem Sinne wünsche ich Ihnen und mir einen angenehmen Morgen und Arbeitstag mit entspannten Momenten – Momente, um sich selbst und die Umwelt bewusst wahrzunehmen.

03. Juli

Wenn ich mein Leben noch einmal leben könnte, im nächsten würde ich versuchen, mehr Fehler zu machen. Diese Aussage des argentinischen Schriftsteller Borges hört sich zunächst befremdend an.

Aus Fehlern können wir lernen – die Einsicht, etwas ändern zu können, lässt uns reifer werden. Sicher ist es nicht das Ziel im Leben, so fehlerhaft wie möglich zu sein, aber wer nichts riskiert, gewinnt auch nichts!

Wer sich einsetzt, setzt sich aus und wer wagt, um zu gewinnen, wird als Mensch auch Fehler machen.

Aus ihnen können wir lernen, daran wachsen und unseren Erfahrungshorizont erweitern. Voraussetzung ist, dass wir sie annehmen und als Teil unserer selbst akzeptieren. Ich wünsche dir heute einen Tag, an dem du Mensch sein darfst und nicht als perfekte Maschine funktionieren musst.

04. Juli

Manchmal frage ich mich: Was muss ein junger Mensch heute eigentlich im Gepäck haben, um sein Leben zu bestehen? Sicherlich möchten wir viele Talente und viel Wissen einpacken, doch eines scheint mir zuoberst auf der Liste zu stehen: Selbstverantwortung!

Diese Grundüberzeugung: ich bin für mein Leben selbst verantwortlich. Nicht die Eltern sind schuld, die Lehrer, die Gesellschaft oder die Politik. Zunächst einmal ist jeder für sein Leben selbst verantwortlich.

Deshalb dürfen wir heute auch dankbar sein, dass uns ein neuer Tag geschenkt ist – ein Tag, den wir in Verantwortung gestalten dürfen!

05. Juli

Ein Pfarrer ärgert sich, dass die Kinder Äpfel von seinem Baum im Pfarrgarten klauen. Eines Tages hängt er ein Schild an den Baum. Darauf steht: "Der Liebe Gott sieht alles." Am nächsten Tag sieht er, wie jemand darunter gekritzelt hat: "Aber er verrät uns nicht:" Genau, weil er die Liebe ist.

Diese kurze Episode lässt mich diesen Tag mit einem enormen Urvertrauen ins Leben beginnen. Ich spüre eine tiefe Geborgenheit – selbst dort, wo ich mich ohnmächtig fühle etwas zu ändern.

Ich spüre mich angenommen in meiner Eigenheit und Einzigartigkeit, weil ich nichts verbergen muss.

06. Juli

Tage, die geprägt sind von Angst, Unsicherheit oder Schwermut; da sagen wir doch oft: Ich bin total am Boden! Immer am Boden und im Staub kriechen, müssen die Raupen. Jenes Tierchen, das so klein, unscheinbar und anscheinend unnütz umher kriecht. Vielleicht fühlen wir uns an manchen Tagen genau gleich. Aber wir wissen auch alle, dass aus der kleinen unansehnlichen Raupe ein schöner Schmetterling entstehen kann.

Es ist eine interessante Sache. Und eigentlich sollten wir auch wissen, dass man bei der Verwandlung der Raupe hin zum Schmetterling Geduld haben muss. Man darf dem Tier nicht blindlings helfen und den Kokon, diese weisse Hülse einfach aufbrechen, in der Meinung, man würde ihm die Arbeit erleichtern. Dann müsste das Tier sterben.

Auch in unserem Leben gibt es Hindernisse, Schwierigkeiten und Herausforderungen, die verwandeln und das Leben verändern können. Die Zeiten des Umbruchs sind nicht immer einfach, aber sie können verwandeln – zum Schönen und Guten.

07. Juli

Wenn eine Flasche genau bis zur Hälfte leer getrunken wurde, gibt's Menschen, die sagen ganz deprimiert: „Was für ein Pech! Die Flasche ist schon halb leer". Und dann gibt's Menschen, die freuen sich und sagen: „Was für ein Glück, dass die Flasche noch halb voll ist!" Eigentlich ist die Situation für beide genau dieselbe. Und mathematisch gemessen, gibt es wirklich zwischen beiden keinen Unterschied: ob eine Flasche halb leer oder halb voll ist, ist genau dasselbe. Jedoch: Menschen leben von einer positiven und optimistischen Lebenseinstellung. Das gibt Kraft, Mut und Hoffnung, den Tag als Geschenk anzunehmen.

08. Juli

Im Kloster Santa Maria delle Grazie in Mailand ist das berühmte Abendmahlsbild von Leonardo da Vinci. Über dieses Bild gibt es viel Interessantes zu berichten.
So wird auch erzählt, der Künstler habe beim Malen noch jemanden gesucht, der ihm für Judas den Verräter Modell stehen würde. Es müsste jemand sein, der einen verräterischen und negativen Eindruck macht. Nach langem Suchen hatte er jemanden gefunden. Und erst als er das Bild fast fertig hatte, bemerkte er, dass es genau derselbe Mann war, der ihm vor einigen Jahren beim Malen von Jesus Modell gestanden ist. Menschen können sich verändern – und das ist gut so!

09. Juli

Vielleicht hast du schon bemerkt, dass alle Menschen auf der Innenseite ihrer Hand eine weisse Hautfarbe haben, egal ob Europäer, Schwarzafrikaner, Chinesen oder Rothäutige. Die Innenseiten der Hände sind immer weiss.

Auf diese Frage, weshalb das so ist, könnte sicher ein Mediziner eine Antwort geben. Ich habe eine originelle Antwort gefunden. Gott braucht die weisse Fläche, weil er jedem einzelnen Menschen, egal welcher Hautfarbe, drauf schreiben möchte: „Du, ich hab dich gern!" Und ich garantiere, kein anderer Mensch hat dasselbe drauf geschrieben. Du bist ein Original.

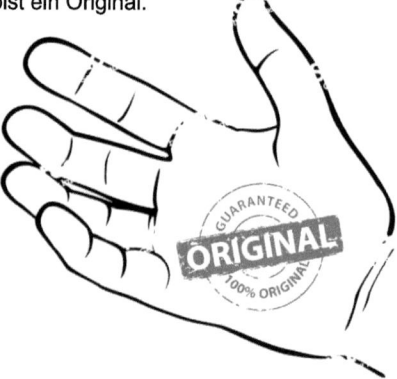

10. Juli

Unser wichtigstes Organ ist das Ohr. Es ist das zuerst ausgebildete, schon im Mutterleib funktionierende Sinnesorgan -, und es ist das letzte, das stirbt, wenn ein Menschenleben verlischt...

Dann ist es doch wirklich eigenartig: Was uns wichtig ist, wagen wir oft nicht zu sagen. Es könnte lächerlich wirken und zu oberflächlich sein. Und dann erzählen sich Menschen oft Dinge, die nichtssagend sind. Und offene Ohren, die sich wirklich für das jeweilige Schicksal interessieren, sind selten. Wer hören kann, wird für andere zum Segen.

11. Juli

„Es ist besser wenig zu brauchen, als viel zu haben" – das hat der heilige Augustinus gesagt. Der Kirchenvater von Weltruf. Er hat vor ca. 1600 Jahren gelebt. Aber was brauche ich eigentlich zum Leben, um so zu leben, dass ich sagen kann, mir geht's gut, ich bin zufrieden? So verschieden wie die Menschen sind, so verschieden werden auch die Antworten auf diese Frage sein. Aber eines ist sicher: Glücklicher ist der Mensch, der sich noch an einfachen Dingen freuen kann! ... denn es ist besser wenig zu brauchen, als viel zu haben!

12. Juli

Do not disturb - bitte nicht stören! Dieser Satz hängt manchmal als rotes Schild an den Türen von Hotelzimmern. Do not disturb – bitte nicht stören. – also lasst mir meine Ruhe, nicht immer, aber immer wieder. Solche Schilder sollte es nicht nur in Hotelzimmern geben. Sich zurückziehen ist ein Bedürfnis jedes Menschen, ein Bedürfnis, das viele nicht mehr wagen wahrzunehmen – vielleicht aus Angst, den Anforderungen und Erwartungen der Gesellschaft nicht gerecht zu werden.
Lassen wir den Menschen und uns selbst immer wieder die geschlossenen Türen.
Für die Freiräume nach innen, damit wir dann wieder besser arbeiten, schlafen, beten und lieben können.

13. Juli

„Bei mir gibt`s nichts Neues", sagt man sich manchmal am Telefon oder wenn man sich auf der Strasse sieht. Vielen geht es tatsächlich genauso. Jeden Tag der gleiche Trott: aufräumen, kochen und waschen, mit den Kindern spielen und sie abends ins Bett bringen, monotone Arbeit im Büro. Da scheint die Zeit manchmal still zu stehen. Und nichts ändert sich.

„Bei mir gibt's nichts Neues", bei dieser Aussage läuten bei mir die Alarmglocken, bei dieser Aussage ist es Zeit, dem Leben mehr Aufmerksamkeit zu schenken. Zumindest eines ist sicher: Heute ist dir ein neuer Tag geschenkt worden.

14. Juli

„Ich sehe was, was du nicht siehst." Wahrscheinlich kennen Sie das Spiel – vielleicht aus ihrer Kindheit. Da wählt eine Person sich einen Gegenstand und sagt, welche Farbe er hat. Die anderen müssen dann erraten, was es ist. Dann kommt es vor, dass man alles um sich herum nach gelb absucht. Und plötzlich fallen einem ganz viele gelbe Sachen auf, die man so vorher noch nie gesehen hat.

Mir gefällt dieses Spiel, weil einem Dinge auffallen, die man sonst gar nicht wahrnimmt.

„Ich sehe was, was du nicht siehst." Vielleicht sollten auch Erwachsene manchmal noch dieses Spiel spielen. Wir würden vieles entdecken – manches für uns so Selbstverständliches. Schau mal, denn: „Ich sehe was, was du nicht siehst."

15. Juli

Vielleicht werden im Alter die Spaziergänge beim einen oder anderen etwas kürzer. Dafür werden die Spaziergänge, die man in die Erinnerung –in den Gedanken - macht, meist häufiger und länger. Und die meisten erzählen dann von Begegnungen aus früheren Zeiten. Das zeigt uns auch die Wichtigkeit der Begegnungen in unserem Leben.

Nicht umsonst hat Martin Buber gesagt: "Alles Wirkliche im Leben ist Begegnung."

16. Juli

„Wer keine Kraft zum Träumen hat, hat keine Kraft zum Handeln." Dieser Satz von Dom Helder Camara, einem lateinamerikanischen Befreiungstheologen, begleitet mich schon seit vielen Jahren. Träume und Visionen zeigen uns die Richtung, in die wir gehen wollen. Träume und Visionen geben uns die Kraft, Dinge anzupacken, die auf den ersten Blick aussichtslos erscheinen. Träume und Visionen helfen über Tiefschläge und Misserfolge hinweg. Welchen Traum, welche Vision trägst du heute in dir? denn: „Wer keine Kraft zum Träumen hat, hat keine Kraft zum Handeln."

Ein *Traum* ist unerlässlich, wenn man die *Zukunft* gestalten will.

Victor Hugo

17.Juli

Zwei Frösche fielen in einen alten Milchtopf. Der eine Frosch schrie: "Hilfe, ich ertrinke", streckte alle vier von sich und ertrank. Der andere strampelte, trat die Milch und fand sich erschöpft und ganz lebendig auf einem Haufen Butter wieder." Offensichtlich haben beide ihre Lage sehr unterschiedlich eingeschätzt: Der eine sieht sie als aussichtslos und hoffnungslos an. Der andere lebt offensichtlich nach einem alten Tiroler Sprichwort, das da heisst: "Zu Tode gefürchtet ist auch gestorben." Das gibt ihm den Mut, alle Kräfte zu mobilisieren. Und siehe: er überlebt. Bei uns Menschen ist es nicht anders: Während die einen resignieren, wagen andere mutig einen neuen Aufbruch.

Wer nicht wagt, hat bereits verloren!

18. Juli

"Wenn durch einen Menschen ein wenig mehr Licht in die Welt gekommen ist, dann hat es sich zu leben gelohnt."

Dieser Satz stammt von Alfred Delp, einem Jesuiten, der von den Nationalsozialisten zum Tod verurteilt und hingerichtet worden ist. In seiner ausweglosen Gefangenensituation konnte er einen Sinn in seinem Leben entdecken und ihm etwas Positives abgewinnen.

Auch wenn wir nicht zum Tode verurteilt sind, kann eine Lebenssituation uns dennoch sinnlos und tot vorkommen. Denken wir dabei an Delps Worte: "Wenn durch einen Menschen ein wenig mehr Licht in die Welt gekommen ist, dann hat es sich zu leben gelohnt."

19. Juli

"Es gibt Rosenzüchter, die beschäftigen sich mehr mit den Blattläusen, als mit der Rose." Keine Angst, in den heutigen Morgengedanken geht es nicht um die neuesten Methoden der Blattlaus-Bekämpfung. Es geht um die Frage des Blickwinkels: Worauf richten wir unsere Aufmerksamkeit? Auf die Blattlaus oder die Rosenblüte?

Manche Menschen sind spezialisiert darauf, das Negative, bzw. das Haar in der Suppe zu finden.

Sie jammern, dass ihr Glas halbleer ist, während andere sich freuen, dass es noch halbvoll ist.

Denken wir daran: Positive Gedanken beeinflussen unser Leben im Guten, negative Gedanken im Schlechten! Entscheiden sie: Blattlaus oder Rose?!

20. Juli

„Tu deinem Leib Gutes, damit deine Seele Lust hat, darin zu wohnen!" an diese Aussage der Hl. Theresa von Avila dürfen wir denken, beim morgendlichen Strecken und Aufstehen, beim Waschen und Anziehen, beim Zähneputzen, Frisieren und Eincremen, bei der Verdauung und beim Frühstück beschäftigen wir uns mit unserem Leib. Unser Körper ist ein Geschenk Gottes - und zwar ein gutes Geschenk. Es geht nicht um Kosmetikpropaganda, aber um uns wohl zu fühlen in unserer Haut – auch am heutigen Tag

21. Juli

Am 21. Juli 1969 setzte der erste Mensch seinen Fuss auf den Mond. Die Welt sass gebannt vor den wenigen damals vorhandenen Fernsehgeräten, um diese ersten schwarz-weiss-Schritte auf unbekanntem Terrain zu verfolgen. Neil Armstrong – der erste Mann auf dem Mond – soll damals den berühmten Satz gesagt haben: "Das ist ein kleiner Schritt für einen Menschen, aber ein riesiger Sprung für die Menschheit." Auch wenn wir persönlich nicht so weltbewegende Schritte schaffen, gibt es dennoch kleine Schritte im Leben, die etwas verändern – denn jeder und jede von uns ist Teil dieser Menschheit.

22. Juli

Wenn wir miteinander etwas trinken, sagen wir beim Erheben der Gläser auf Lateinisch „Prosit! – Es möge nützen" oder auf Deutsch „Zum Wohl", auf Englisch „Cheers – Nur Mut!", auf Französisch „A votre santé! – Auf Ihre Gesundheit"; auf Polnisch „Sto lat! – Auf hundert Jahre!", auf Hebräisch „L'chaim! – Auf das Leben!"
Das Erheben des Glases ist eine Einladung, unser gemeinsames Leben zu bejahen und zu feiern. Auch wenn wir der Wirklichkeit unseres Lebens ins Auge sehen und uns auch keine heile Welt vorgaukeln; es tut gut einander Mut zuzusprechen und für die empfangenen Gaben dankbar zu sein – nicht nur beim Trinken.

23. Juli

„Das Leben währt nur einen Atemzug", erklärte der Meister seinen erstaunten Schülern.

„Das ist doch unmöglich. Das gibt es doch gar nicht! Ein Leben ist doch viel länger als ein einziger Atemzug", riefen sie aufgeregt durcheinander.

„Doch, so ist es", sagte der Meister. „Denn nur in dem Augenblick, in dem wir atmen, können wir leben. Der Atemzug von vorhin ist schon Vergangenheit und den Atemzug von später gibt es noch gar nicht. Nur im Augenblick des Atmens leben wir. Darum: Achtet auf das Leben, während ihr atmet. Ganz gleich, ob ihr dabei Freude oder Schmerz empfindet. Seid achtsam auf das Leben. Spürt intensiv die guten Augenblicke unter den weniger guten."

24. Juli

Pausenloses Glück, das gibt es nicht. Denn das Glück hat seine Heimat in der Pause.

Erinnern wir uns daran, denn oft sind wir unzufrieden, weil wir immer mehr und mehr wollen. Eine ständige Steigerung lässt uns jedoch nicht glücklicher werden, das ist eine Lüge der Technik und Wissenschaft. Nicht im Schnellerwerden, nicht im Perfektionieren, nicht in der Umsatzsteigerung werden wir glücklich.

Glücklich werden bzw. sind wir, wenn wir eine Pause wagen, um zu sein und dankbar zu geniessen. Pausenloses Glück, das gibt es nicht. Denn das Glück hat seine Heimat in der Pause.

25. Juli

Die Hoffnung ist es, die den Menschen am Leben erhält! Diese Aussage sagt doch bereits, wie wichtig die Hoffnung für uns Menschen ist. Sie ist wie eine Triebfeder, eine Kraft oder eine Energie, die uns hilft, das Leben positiv zu gestalten. Die Hoffnung ist der Proviant unserer Seele.

Diese Art der Hoffnung, die uns selbst, aber auch Menschen um uns herum motiviert und stärkt, hat wohl auch Paulus schon gekannt, wenn er im Petrusbrief schreibt: „Ihr sollt euch gegenseitig von der Hoffnung erzählen, die euch erfüllt!" Hoffende Menschen strahlen etwas aus! Sie sind in das Positive verliebt und lassen sich nicht so schnell unterkriegen.

Beim Wort „HOFFEN" hört man auch das Wort „OFFEN" heraus. Hoffende Menschen sind auch offene Menschen. Sie lassen ihren Blick nicht so schnell einengen. Hoffnung erhält auch dich am Leben.

26. Juli

Es ist eine uralte Sehnsucht und ein Bedürfnis des Menschen, ab und zu aus dem Alltagstrott ausbrechen zu können. Bekanntes hinter sich lassen, neue Wege suchen, neue Horizonte entdecken usw. aber es braucht dazu auch eine gewisse Zuversicht und ein festes Vertrauen. Die gleiche Erfahrung machen auch die Pilger! Nicht die Tagespilger im klimatisierten Luxusbus, nein ich denke an jene Pilger, die sich früher, aber auch heut noch, zu Fuss auf den Weg machen.

Wer wagt, den Alltag einmal hinter sich zu lassen, vielleicht sich selbst auch nur ein Wochenende, einen Tag oder ansonsten nur eine Stunde zu gönnen, der macht eine Reise zu sich selbst. Vor allem schätzen die meisten, dem Leistungsdenken zu entfliehen! Hab den Mut und gönne es dir!

27. Juli

Vieles gibt es nicht im Überfluss auf dieser Welt. Entweder gibt es gar nicht so viel davon oder es ist bald aufgebraucht. Ich denke an Erdöl, an Süsswasser, an Safran, an Gold oder Diamanten.

Diese Sachen, von denen nur wenig erhältlich ist, sind kostbar und werden vielfach zu teuren Preisen gehandelt. Es sind Luxusgüter unserer Gesellschaft.

Eines dieser Luxusgüter, das immer seltener wird, ist die Stille! Es gibt sie nicht mehr viel und ist kostbar geworden.

Neben Briefmarkensammlern und Antiquitätenhändlern hat der Sammler von stillen Momenten garantiert noch Platz. Probier's doch mal! Du wirst erfahren, wie es dir gut tut und das Schönste ist: niemand kann sie stehlen!

28. Juli

Kennst du den Satz: „Dir geht's wohl zu gut!?" Dann frage dich heute, ob es dir wirklich gut gehen darf. Gestehe dir wahrhaftes Lebensglück, Freude und Erfolg zu. Es darf dir gut gehen. Entscheide dich dafür!

29. Juli

Der Mensch spielt viele Rollen in seinem Leben. Zuerst die des Kindes, aus der jeder Jugendliche versucht auszubrechen; dann die Rolle als Vater oder Mutter, vielleicht als Ehepartner… aber auch die Rolle in der Gesellschaft als Konsument oder Produzent, als Pflegefall oder Chef.

Für viele dieser Rollen haben wir uns bewusst entschieden, andere hingegen können wir nicht auswählen.

Der heilige Franz von Assisi hat noch eine ganz andere Rolle für uns Menschen bezeichnet: nämlich die des Gastgebers. Denn er bezeichnet jeden Menschen als Wohnung bzw. Wohnort Gottes. Und Gott ist auch und besonders im Mitmensch zugegen.

30. Juli

„Normal" zu sein und sich den Erwartungen anderer und der Gesellschaft anzupassen, ist nicht das Zeichen eines aufrechten, wahrhaftigen Menschen. Was ist schon „normal"? Es ist meist das was die Mehrheit tut.

Jedoch will auch dein Herz „normal" sein? Oder wünscht es sich, dass du deine Einzigartigkeit erkennst und lebst.

31. Juli

Heute im Jahr 1944 wurde der französische Pilot und Schriftsteller Antoine de Saint-Exupéry im Zweiten Weltkrieg abgeschossen. Er sagte über seine deutschen Kriegsgegner: „Nicht das Leben ist schwer, sondern die Liebe."

Die Liebe ist es, die unser Leben erst lebenswert macht – über den Tod hinaus!

AUGUST

1. August

Begegne dem, was auf dich zukommt, nicht mit Furcht, sondern mit Hoffnung. Der Franz von Sales meint mit dieser Aussage: Ein neuer Tag sagt dir: Du bist berufen, mit Hoffnung, das zu erwarten, was deinem Leben geschenkt wird. Fürchte dich nicht! Angst ist ein schlechter Begleiter. Dem Leben dient die Hoffnung.

02. August

Der französische Theologe Barreau hat den betenden Menschen mit einem erwachenden Menschen verglichen. Er nimmt Abschied von der Traumwelt und von der Passivität der Nacht -- er sammelt und konzentriert sich, wird sich bewusst dass er lebt, erkennt die Umwelt und handelt aktiv. Der betende und/oder meditierende Mensch ist nicht ein anderer, aber der betende und 'wache Mensch' sieht die Welt anders.

03. August

Willst du Menschen gewinnen, so zeige ihnen dein Herz - aber tue es mit Verstand!
Ein neuer Tag sagt dir: Du bist berufen, für Menschen dein Herz zu öffnen und ein
Stück Weg mit ihnen zu teilen. Geh nicht an den Menschen vorbei!

04. August

Der Heilige Augustinus hat gesagt: Wer die Geduld verliert, verliert die Kraft. Ein
neuer Tag sagt dir:
Du bist berufen, die Geduld als ein Lebensgeschenk an dich anzunehmen. Die
Geduld schenkt Leben, das oft übersehen wird! Wer die Geduld verliert, verliert die
Kraft.

05. August

Die Aussage: „Ich bin eben nicht so religiös!" Die macht mich jeweils stutzig! Dieser Satz ist für mich ungefähr gleichbedeutend mit der Aussage: „Es macht mir nichts aus, wenn jemand meine Freunde schlägt" oder wenn jemand sagt: „Es macht mir nichts aus, wenn Tiere gequält werden und die Umwelt zugrunde geht!"
Für ältere Generationen ist das Religiös-sein etwas ganz Normales und Natürliches gewesen – mit dem Leben verbunden – Teil ihres Lebens. Heute versteht man darunter vielfach eine anormale Sache, wenn ich dem so sagen darf, weil die Religion viel zu weit weg gesucht wird. Das Leben bewusst wahr zu nehmen und für das Leben auch dankbar sein können, sich damit auch kritisch auseinander zu setzen: ja, da fängt doch „religiös sein" an, nicht in der Erwartung eines Wunders oder einem anderen spektakulären Zeichen.

06. August

Im Speziellen sind Kinder und Künstler auf das Schöne ausgerichtet. Und sie lehren uns, das Schöne wahrzunehmen. Vor allem Kinder lehren uns das Staunen und Wahrnehmen von schönen Sachen und Momenten. Wenn wir bewusst versuchen, das Schöne wahrzunehmen, dann entsteht so etwas wie ein Dialog zu diesen Sachen und wenn das Schöne dann einmal fehlt oder zerstört worden ist, erlebt man nicht einfach eine Gleichgültigkeit. Das Schöne hat auch eine Verbindung zum Guten.

07. August

Ich habe manchmal das Gefühl, in unserer Welt sei es verboten, sich zu erinnern. Wichtig ist anscheinend nur der Moment und das Vorwärtsgehen. Die Wirtschaftszahlen und das Management, die unsere Zukunft und unseren Alltag doch so stark bestimmen, schauen eigentlich nur in die Zukunft. Die Vergangenheit ist aber auch wichtig!! Ansonsten schneiden wir unsere eigenen Wurzeln ab. Aus unserer Vergangenheit und aus den Erfahrungen, welche Menschen früher gemacht haben, lässt sich Vieles lernen.

08. August

Auf Geburtstagskarten oder in Wünschen der Wunschkonzerte im Radio hören wir immer wieder den Satz: „Bleib so, wie du bist!!!" Gemeint ist diese Aussage sicher gut und im positiven Sinn, aber wenn wir die Worte näher betrachten, ist es ein sehr negativer Wunsch. Eigentlich müssten wir sagen: „Bleib ja nicht so, wie du bist!", weil alles Lebende und Lebendige ist einer ständigen Verwandlung unterworfen. Alles was lebt, wandelt sich.
Wer sich nicht wandelt, erstarrt und bleibt stehen. Darum kann ich uns allen nur wünschen: „Bleib ja nicht so, wie du bist!"

09. August

Viele Menschen haben Angst alleine zu sein! Wer den Mut aufbringt, bewusst allein zu sein, kann entdecken, wie schön es ist, für sich zu sein, nichts vorweisen zu müssen, sich nicht rechtfertigen zu müssen, nichts leisten zu müssen. Diese Erfahrung wird aber nur zum positiven Erlebnis, wenn man das Allein-Sein nicht mit Einsamkeit und Verlassenheit verwechselt. Das Wort „Allein-Sein", sagt bereits, um was es geht: Einig sein.

10. August

Abschied nehmen ist schmerzhaft! Sich von einem geliebten Menschen zu verabschieden, den man gern hat, kann einem fast das Herz zerreissen. Dennoch müssen Abschiede sein, wir können das Leben und auch die Menschen nicht für immer festhalten. Unser Leben kennt tausende solcher Abschiede, weil jede Veränderung im Leben einen Abschied verlangt. Und nur wenn wir uns von einer Lebenssituation verabschieden können, ist es uns möglich, uns voll und ganz auf das Neue einzulassen. Wir sind für unser Leben heute und jetzt verantwortlich.

11. August

Brot hat in unserem Leben eine wichtige Bedeutung! Doch nicht alle nehmen die Bedeutung des Brotes gleich wichtig. So hat ein englischer Reporter genau eruieren wollen, wie wichtig Brot für den Menschen eigentlich ist. Er hat ein Kilo Brot gekauft und sich an belebte Strassenecken berühmter Weltstädte gestellt. Er wollte dort, den Menschen das Brot geben, mit der Bedingung, dass sie dafür eine Stunde lang arbeiten müssen. In Hamburg haben sie ihn ausgelacht, in New-York hat ihn die Polizei sogar festgenommen, in Kairo haben sich ziemlich viele Menschen um ihn und das Brot versammelt und hätten sogar mehrere Stunden dafür gearbeitet und in New-Delhi, in Indien, hätten hunderte von Menschen sogar mehrere Tage lang dafür gearbeitet.
Wie lange würdest du dich dafür engagieren?

12. August

Die meisten Tage sind auf den ersten Blick nichts Spezielles; der eine gleicht dem anderen und für viele Menschen ist es einfach der graue Alltag.
Das Schöne und Spezielle an einem Tag zu entdecken, verlangt uns etwas ab. Ich vergleiche das gern mit der Arbeit eines „Strahlers", so nennt man im Walliserdialekt jene, die auf der Suche von wertvollen Kristallen und Mineralien sind. Die wertvollen Steine sind meistens nicht auf den ersten Blick zu erkennen. Sie sind meistens im Innern eines grauen alltäglichen Steins. Von Aussen sieht der Stein fast so aus wie jeder andere auch, so wie unser grauer gewöhnlicher Alltag. Aber im Innern sind die wertvollen glitzernden und speziellen Kristalle zu finden. Die Arbeit eines Strahlers braucht Geduld und Sorgfalt. Das braucht es auch in unserem Leben, wenn wir die wertvollen und speziellen Seiten entdecken wollen. Es braucht Feingefühl und Sorgfalt und der Erfolg ist oft im Kleinen. Wer sich aber am Glitzern eines Kristalls im Leben erfreuen kann, erfährt Freude und auch Kraft weiter zu machen. Das Leben ist ein Suchen und Entdecken. Wer das geniessen kann, dem erscheint der neue Tag nicht grau und eintönig.

13. August

„Heute besuch ich mich, ich bin neugierig, ob ich daheim bin?!" Das tönt vielleicht ein wenig komisch, wenn ich bei mir selbst einen Besuch mache. Aber genau das bewegt in unserer Zeit die Menschen. Immer mehr spüren sie, wie die Jagd nach dem Glück schlussendlich in einer Hetze und Unruhe endet. Noch nie war das Leben so schnell wie heute und viele Menschen verlieren sich darin.

Sich selbst verlieren – ja das gibt's!!! Das sind Menschen, die durch das Leistungsdenken und den Stress voll und ganz bestimmt werden. Sie können nicht mehr sich selbst sein. Sie haben sich entfremdet.

„Besuch dich doch heute und schau, ob du daheim bist!" Erschrick nicht, wenn du nur Leere und alte Erinnerungen findest. Dann nimm dir Zeit für dich!

14. August

Heute ist der Gedenktag für Maximilian Kolbe. Er wurde am 8. Januar 1894 in Zdunska Wola, einer kleinen Stadt in Polen geboren. Nach vielen Jahren tüchtiger missionarischer Tätigkeit wurde er während des Zweiten Weltkrieges, im Jahr 1941, von der Gestapo mit vier anderen Patres verhaftet. Von einem Gefängnis in Warschau wurde er ins Konzentrationslager Auschwitz gebracht. Dort gelang einem Mithäftling die Flucht. Als Vergeltung verurteilte der Lagerführer 10 Häftlinge zum Hungertod. Einer davon klagte, dass sein Tod seine Frau und zwei Kinder hilflos zurücklasse. Maximilian Kolbe bat, an seiner Stelle sterben zu dürfen. Der Lagerführer nahm das Angebot an.

Man kann das Ungewöhnliche am Leben von Maximilian Kolbe nicht nur auf diese heroische Tat beschränken. Diese Tat ist vielmehr eine Konsequenz seines ganzen Lebens. Die Schilderung seiner Geschichte im KZ, lässt uns überlegen, ob wir unsere kleinen „Wehwehchen" und Sorgen im Alltag vielleicht ein wenig zu wichtig nehmen.

.

15. August

Christian Morgenstern hat gesagt: Es ist viel schwerer, einen Tag von Anfang bis Ende in voller Aufmerksamkeit durchzuhalten, als ein ganzes Jahr in grossen Absichten und hochfliegenden Plänen.

Ein neuer Tag sagt dir: Du bist berufen, im Jetzt zu leben. Schenke dem Heute deine ganze Aufmerksamkeit! Das Jahr erfüllt sich von selbst.

16. August

„Wir leben heute zwar länger, aber insgesamt kürzer!" Diese Aussage stammt von Marianne Gronemeyer, einer Soziologin aus Deutschland. „Wir leben heute zwar länger, aber insgesamt kürzer!" Ich bin der Meinung, diese Frau hat recht.

Früher war für viele Menschen die Verbindung zur Ewigkeit viel ausgeprägter. Auch ich bin der Meinung, dass wir den Himmel auf Erden haben sollen. Es ist wichtig und schön, wenn es uns gut geht, aber es ist auch wichtig zu wissen und sich bewusst zu sein, dass es auch den Himmel der Ewigkeit gibt.

Wenn wir alles nur auf Erden verwirklichen wollen, dann führt dies zu einem Machbarkeitswahn, wenn nicht sogar zu einem Grössenwahn. Dann vergöttern wir uns selbst.

Wenn wir als Menschen auch unsere Grenzen sehen und annehmen können, dann schaffen wir eher eine Verbindung zur Ewigkeit. „Wir leben heute zwar länger, aber insgesamt kürzer – weil sie früher immer noch etwas für die Ewigkeit übrig liessen.

17. August

Noch nie waren Menschen so frei in der Gestaltung ihres Lebensstiles und ihrer Art und Weise das Leben zu deuten. Es ist wie in einem grossen Selbstbedienungsladen, nach dem Motto „do it yourself". Diese riesige Auswahl bringt Menschen vielfach an Grenzen und/oder überfordert sie.

Ist die Freiheit nicht vielfach grösser, wenn man gewisse Wahrheiten und gute Traditionen in Anspruch nimmt. Traditionen binden nicht nur, sie geben auch Sicherheit und somit Freiheit.

18. August

„Du musst am Tag mindestens 50 Fehler machen, um reifer zu werden und Weisheit zu erlangen!" Diese Aussage tut gut! Endlich jemand der sagt, dass du nicht perfekt sein musst und Fehler machen darfst. 50 – diese Zahl ist eher symbolisch gemeint, es müssen ja nicht gezwungenermassen so viele sein. Aber für viele Menschen ist das grösste Problem, dass sie ihre Fehler nicht loslassen und sich selbst nicht vergeben können. Sie wälzen sie tagelang, ja manchmal sogar jahrelang und tragen diese Last mit sich.

Aus Fehlern können wir lernen, aus gewonnenen Einsichten reifer werden. Als Mensch darf ich Grenzen und Schwächen haben. Aber dazu muss ich auch den Mut haben, mir dies einzugestehen und den Perfektionismus dieser Welt zu verabschieden.

19. August

„Wie fest mir der Spatz ans Herz gewachsen ist, hab ich erst gemerkt, als er ausgeflogen ist!" Dieser Satz hat eine tiefe Lebensweisheit. Weshalb sollte man auch einen Spatz vermissen? Von diesen grauen farblosen Vögeln gibt es ja massenhaft und da gleicht einer dem anderen. Man kann sie kaum voneinander unterscheiden. Und doch, wenn man genauer hinsieht, ist jeder von ihnen ganz speziell und das Grau hat viele Schattierungen. In unserem Leben gibt es doch auch viele Situationen und Sachen, die uns wie ein Spatz erscheinen: grau, belanglos, alltäglich und einfach so da... und... wir können sie nicht schätzen! Als Menschen sind wir gedrängt nach immer mehr und verlangen eine ständige Steigerung: der Spatz genügt nicht mehr, es muss schon ein knallig bunter Papagei sein und wenn möglich jeden Tag ein anderer.

Doch ich frag mich, ob wir mit diesen bunten Vögeln auf Dauer glücklicher sind als mit dem grauen Spatz? Der fehlt uns vielfach erst, wenn er nicht mehr kommt. Auch alltägliche Sachen können ihren Reiz haben, wenn man ihnen nur die nötige Aufmerksamkeit schenkt.

20. August

„Ich hab Gott um einen schönen Schmetterling gebeten, aber er hat mir nur einen grausamen abschreckenden Wurm gegeben. Ich hab Gott um ein paar schöne Blumen gebeten, aber er hat mir nur einen stacheligen Kaktus geschenkt.

Ich war enttäuscht, hab gejammert und war verzweifelt. Doch nach ein paar Tagen war der Kaktus in voller Blütenpracht und die schrecklichen unansehnlichen Würmer haben sich in wunderschöne Schmetterlinge verwandelt."

Auch für uns wird mancher Kaktus zur blühenden Pracht und mancher grausige Wurm zu einem prächtigen Schmetterling. Aber vielfach jammern wir so schnell, dass wir die Verwandlung gar nicht mehr wahrnehmen.

21. August

Triff keine Entscheidung, wenn sie sich nicht gut anfühlt. Höre auf deine Intuition, auf dein Gefühl, ob es sich stimmig oder nicht stimmig, passend oder nicht passend anfühlt. Schalte dabei jedoch deinen Kopf nicht aus. Entscheidungen wollen mit Herz und Verstand getroffen sein. Ein Schwert aus der Scheide zu ziehen – es zu „entscheiden" – hatte für jeden Ritter seine Folgen. Denn Ent-scheiden ist ein Akt des Willens.

22. August

Beobachte den Steinmetz bei seiner Arbeit. Hundertmal schlägt er auf die gleiche Stelle; und am Stein zeigt sich noch immer nicht der kleinste Riss. Da, der nächste Schlag – und der Stein springt entzwei. Es ist nicht erst dieser letzte Schlag, der den Erfolg bringt, sondern es sind auch die vorangegangenen 100 Schläge.

Man soll nie aufgeben. Beständigkeit ist eine Tugend fürs Leben. Manches braucht eben länger, wenn wir unsere Ziele erreichen wollen. Vielleicht ist es einfach Bestandteil der Arbeit.

23. August

Von Thomas von Aquin ist die Aussage: Wähle den Weg über die Bäche und stürze dich nicht gleich ins Meer! Ein neuer Tag sagt dir: Du bist berufen, deinen Weg deinen Kräften und deinem Können anzupassen. Übernimm dich nicht! Auch die andere Bachseite führt zu neuen Ufern.

24. August

Es „menschelt"! Dieses Wort benutzen wir um zu sagen: es gibt zwischenmenschliche Spannungen und Ungereimtheiten. Vielleicht liegt der Grund tatsächlich darin, dass wir im Gegenüber uns selbst spiegeln. In unserem Gegenüber sehen wir uns gespiegelt: ungeschönt, in all unserer eigenen Unvollkommenheit und mit all unseren eigenen Fehlern. Die kritisieren wir bekanntlich am liebsten an anderen.

Wenn es „menschelt", dann wohl am ehesten, weil wir uns selbst nicht ganz so annehmen, wie wir sind. Vielleicht hilft uns zu wissen: da ist einer, der nimmt uns an, so wie wir sind, mit unseren Fehlern und Schwächen.

25. August

Von den Quellen, aus denen wir schöpfen, hängt es ab, ob unser Leben gelingt oder nicht." In diesem Zitat von Anselm Grün kann sich unsere gesamte Lebenseinstellung widerspiegeln. Eigentlich möchten ja alle auf ein gelingendes und gelungenes Leben blicken. Doch nicht alle machen sich bewusst Gedanken darüber, wo ihre Quellen sind, wo sie Kraft schöpfen, was ihnen kostbar und leben-spendend ist. Unser Leben und unser Gemüt wird davon erzählen können, wo wir auftanken, wo unsere Quellen sind.

Unsere Gedanken prägen unser Handeln, unser Leben und unsere Einstellung. „Von den Quellen, aus denen wir schöpfen, hängt es ab, ob unser Leben gelingt oder nicht."

26. August

Kennst auch du einen Ort, an dem du dich besonders wohl fühlst, einen Ort, der Geborgenheit ausstrahlt, wo du dich einfach wohl fühlst? Vielleicht daheim in der Stube oder in einer Hütte auf der Alp oder vielleicht irgendwo in einer Kapelle. Solche Orte sind uns irgendwie heilig. Der Mensch braucht Orte, an denen er sich geschützt und geborgen fühlt. Frag dich doch selbst: Hast du einen Ort, wo du dich wirklich geborgen fühlst, der dir Kraft gibt und nicht ohne weiteres jedem zugänglich ist.

In Klöstern gibt es deshalb oft die Schwellenregel, weil – vor allem früher – das Übertreten einer Schwelle ein heiliger Akt war. So trittst du vielleicht auch heute bewusster über die Schwellen, bei dir und auch bei anderen.

27. August

Der Mensch braucht immer wieder Momente im Tagesverlauf oder gewisse Zeiten im Jahr, die ein wenig spezieller sind, an denen man ein Fest feiern kann oder einfach etwas Spezielles unternimmt. Wenn ein Tag dem anderen total ähnlich ist und nie etwas Spezielles gefeiert wird, dann wird es dem Mensch mit der Zeit langweilig und eine gewisse Unzufriedenheit kann sich ausbreiten. Der religiöse Mensch hat seit jeher „heilige Zeiten" gekannt. Die Diktatur der Wirtschaft meint heute, die Effizienz der Arbeit sei das Wichtigste, aber wer voll und ganz von diesem geldgierigen Sog angezogen wird, fühlt sich mit der Zeit leer und ausgebrannt. Heilige Zeiten in der Woche, am Tag oder im Verlauf des Jahres sind da, zum Atem holen und dem Mensch einen Moment der Freiheit zu schenken.

28. August

„Mensch, lerne tanzen, sonst wissen die Engel im Himmel mit dir nicht was anzufangen!" Ich weiss ja auch nicht, ob im Himmel tatsächlich getanzt wird – aber die Aussage des Hl. Augustinus gefällt mir. Tanzen ist mit einer gewissen Fröhlichkeit und Ausgelassenheit verbunden.

Früher war für den frommen Menschen die Hilaritas, die Heiterkeit und Fröhlichkeit, ein Zeichen der stimmigen Spiritualität. Wer die Wahrheit erkannt hat, hat eine positive Ausstrahlung, der tut sich selbst und anderen gut – darum Mensch: lerne tanzen!

29. August

Mit Hilfe von Ritualen können wir unseren Alltagstrott durchbrechen. Rituale lassen sich nicht einfach anpassen, sie haben ihre eigene Bedeutung und versuchen mit uns den Alltagstrott zu durchbrechen. Auch bei uns sind die Übergänge von Lebensabschnitten mit Ritualen begleitet, zum Beispiel bei der Geburt, für Jugendliche in der Pubertät, die Hochzeit oder schlussendlich beim Tod. Da spüren wir, dass etwas ganz Spezielles geschieht. Wir Menschen brauchen bestimmte ganz bewusst ausgeführte Handlungen – Handlungen, die uns heilig sind. Sie verbinden das Irdische mit dem Himmlischen. Es sind Erinnerungszeichen auf unserem Lebensweg. Das kann bei ganz alltäglichen Handlungen beginnen: Wenn ich zum Beispiel ganz bewusst dusche, kann das zu einem Ritual werden, das mich erinnert, was Gott an mir Gutes getan hat und tut. Die Lebendigkeit des Wassers lässt mich das Leben wahrnehmen. Oder das Essen kann ich aufnehmen, weil ich muss und nicht anders kann oder ich kann die Speisen geniessen und dafür dankbar sein.

30. August

Viele Gegenstände sind uns Menschen heilig! Solche Gegenstände bedeuten uns viel und verbinden unser Leben mit bestimmten Erinnerungen oder mit bestimmten Bedürfnissen. Aber nicht alles was uns heilig ist, lässt uns mit dem Heiligen und Heilenden in Berührung kommen. Die Suche nach heiligen Gegenständen zeigt immer neue Formen: bei Jugendlichen vielleicht der Wunsch nach einem Bauchnabelpiercing, bei Erwachsenen vielleicht der Wunsch nach einem neuen Auto. Heilige Gegenstände mit einer religiösen Bedeutung hingegen sind vielen Menschen fremd und bereiten ihnen eine gewisse Mühe. Das gründet vielleicht daher, dass wir moderne Menschen das Heilige und Weltliche zu sehr voneinander trennen. Probieren wir doch, eine neue Verbindung zwischen unseren Alltagsleben und dem Heiligen zu schaffen, indem wir gewisse Gegenstände ganz bewusst wahrnehmen, sie mit Sorgfalt berühren und vielleicht auch zu verstehen versuchen, wer und was nötig war, damit sie entstehen konnten.

31. August

Schon früh in der Weltgeschichte gab es Menschen, die zu heiligen Personen wurden: Priester und Priesterinnen, Schamanen, Medizinmänner, Hexen, Propheten und Prophetinnen. Von ihnen wurde Spezielles erwartet, das Gute und vor allem eine heilende Kraft.

Auch heute gibt es das noch, das Interesse für heilige Personen, für Gurus und Schamanen. Aber die Absichten haben sich vielfach geändert. Ursprünglich verstand man unter einem heiligen Menschen einer, der die Liebe Gottes, wie ein Licht, durchscheinen liess. Heute versuchen viele Menschen bei einem Guru ihre Eigenverantwortung und die Verantwortung für ihr Leben abzugeben. Die Verantwortung, dass das Licht auch durch dich durchscheinen kann, die hast du allein.

SEPTEMBER

01. September

„Jedes Leben ist ein neues ..., ein entzückend Wunderwerk, das nie war und nie mehr sein wird."

Der Mensch wird als Original in die Welt geschickt und mit Eigenschaften ausgestattet, die ihn fähig machen, seine Lebensgeschichte zu schreiben und ein erfülltes Leben zu führen.

Wir dürfen und sollen unseren wirklich eigenen Lebensweg gehen! Dazu gibt es einen Spruch der uns in den Tag begleiten kann: Geh nicht nur...Geh nicht nur die glatten Strassen; geh Wege, die noch niemand ging, damit du Spuren hinterlässt und nicht nur Staub aufwirbelst.

02. September

Beim Schachspiel kann der zwanzigste Zug Konsequenzen im fünfundvierzigsten Zug haben, den wir zwar nachträglich begreifen, jedoch oft vorher nicht genügend überdacht haben.

Das ist auch in unserem Leben nicht anders! Wie wir heute unser Leben gestalten, wird sich auf die Zukunft auswirken. Dabei gibt es immer wieder Signale, welche uns auf die Zukunft hinweisen. Dennoch versuchen wir häufig, solche Warn- und Haltsignale im Leben zu übersehen. Aber wir können heute auch versuchen, wie Jesus es selbst sagt, die Zeichen der Zeit zu verstehen!

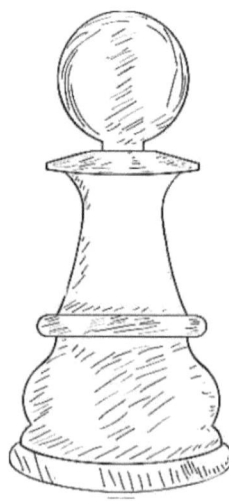

03. September

Begegnung heisst immer, dass der Mensch auf etwas stösst, das ihn unter Umständen auch auffordert, sich neu zu orientieren.

Der Mensch selber wird also in der Begegnung auf die Probe gestellt. Begegnung findet eigentlich nur statt, wer sich wirklich voll und ganz auf das Gegenüber einlässt. Erst in der Begegnung wird der Mensch überhaupt sich selber. Nur in der Begegnung mit einem „Du" kann der Mensch zu sich selber kommen.

Jede Begegnung ist eine Herausforderung und zugleich eine Chance!

04. September

Wir Menschen sind oft bemüht, Feindschaften von aussen her abzuwenden: nicht nur in der Armee, sondern auch im eigenen Leben. Wir alle machen uns Feindbilder, die sogar einen so jungen Tag verdunkeln können.

Unsere wirklichen Feinde sind die eigenen schlechten Gedanken. Vor äusseren Feinden kann man vielleicht weglaufen. Hass und Wut aber bleiben bei uns, auch wenn wir die Türen hinter uns abschliessen. Wenn wir negative Gedanken haben, dann schaden wir uns selbst am meisten, sogar die schönsten Dinge erfreuen uns nicht mehr.

Nehmen wir uns heute aber die Mühe, auch das Gute und Positive zu sehen. Diese Freude wird uns stärken.

05. September

„Achtung: Geisterfahrer auf der Autobahn." Diese Durchsage hören wir immer wieder im Verkehrsfunk!

Solche Menschen wie die Geisterfahrer können uns auch sonst im Alltag begegnen als eigensinnige und sture Zeitgenossen, die zwanghaft anders und gegenteilig handeln müssen, als man vernünftigerweise handelt.

Sicher, es darf und soll jeder seine Individualität und Originalität behalten, aber nur soweit, dass es nicht eine Gefahr ist und auf Kosten der anderen geht.

Vielleicht sollten wir alle uns häufiger an die goldene Regel erinnern, die schon in der Bergpredigt steht. Jesus sagt dort: „Alles, was ihr von den anderen erwartet, das tut auch ihnen." (Mt 7, 12) Also pass auf, wo du heute einspurst.

06. September

Ein Mensch, der hasst, schafft sich seine eigene Hölle. Aber ein Mensch, der liebt, hat den Himmel in sich. Ein neuer Tag sagt dir: Du bist berufen, den Himmel in dir zu tragen. Schenk dir und den anderen Liebe!

07. September

Eine irische Weisheit sagt: Man kann das Heute nicht erkennen, wenn man das Gestern nicht sehen will. Ein neuer Tag sagt dir: Du bist berufen, deine Wurzeln anzunehmen. Ohne sie bist du entwurzelt! Ohne Wurzeln kannst du nicht wachsen und dich entfalten. Die Vergangenheit gehört zu dir; ist Teil von dir: aber wachse darüber hinaus – neuen Horizonten entgegen.

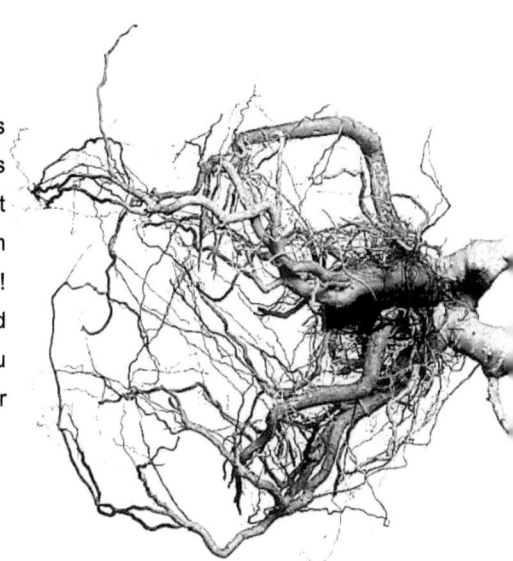

08. September

Die Aussage: „Du bist eine Kratzbürste" wird wohl meist negativ und abwertend aufgenommen. Aber Kratzbürsten haben eine wunderbare Funktion: sie legen offen, was verdreckt und durch alles Mögliche verdeckt wird. Kratzbürsten legen die ursprüngliche, die wahre Sache wieder an den Tag. Hab den Mut überlegt und sinnvoll ein wenig zu kratzen, denn nur tote Fische schwimmen immer mit dem Strom.

09. September

Solange wir das Leben haben, sollen wir es mit den uns eigenen Farben der Liebe und der Hoffnung malen, das sagt Marc Chagall. Und ein neuer Tag sagt dir: Du bist berufen die Farben deines Lebens zu gebrauchen. Entdecke die Vielfalt deiner Lebensfarben! Wage auch mal Farben des Lebens neu zu mischen. Es gibt nicht nur Schwarz/Weiss-Malerei. Probiere es aus:

10. September

Wofür ich heute offene Augen habe, was ich heute mit meinen Augen anschaue, was ich heute sehen will, das entscheidet darüber, wie ich morgen meinen Weg weiter gehe. Du bist zum Sehen berufen. Geh mit offenen Augen durch die Welt, damit du die Zukunft gestalten kannst und nicht nur Zuschauer deines eigenen Lebens wirst.

11. September

Wie oft hören wir heute die Frage: „Was bringt's?" Menschen wollen heute sofort einen Erfolg sehen, Profit ernten und krasse Veränderungen sehen. Dies entspricht ganz klar unserer Konsum- und Profitgesellschaft. Nur Leistung und Bruttosozialprodukt sind gefragt. Bei der Abrechnung müssen die Zahlen stimmen. Sicher ist auch das wichtig und richtig, doch unsere Welt besteht nicht nur aus Messbarem und wissenschaftlichen Fakten.

Wenn wir die Erfahrungen unseres eigenen Lebens ernst nehmen, wenn wir darauf achten, was uns selbst im Leben wichtig ist, wonach wir uns sehnen, dann müssen wir uns eingestehen: die Liebe, die Sehnsucht, Vertrauen, Erfahrung von Gemeinschaft, Zuneigung usw. kann man nicht erfassen. Und trotzdem sind sie Wirklichkeit, erfahrbare Wirklichkeit!!! Bei Vielem können wir nicht einfach fragen: „Was bringt es mir?"

12. September

Wenn Optimisten den breiten Strom der Pessimisten kreuzen, bekommen sie plötzlich andere Namen: Spinner, die anscheinend an der Wirklichkeit vorbeileben; Naive, die keine Ahnung haben und anscheinend den „Pögg" nicht sehen; oder Träumer, die anscheinend irgendwelchen Utopien nachhängen.

Wenn alles verdorrt und zur Wüste geworden ist, sind sie die seltenen Vögel, die eine Oase aufspüren.

Wir alle wissen doch, wie wohltuend ein freundlicher Blick, ein aufmunterndes Wort oder eine einladende Geste sein kann.

13. September

„Geniessen können" hat auch viel mit Dankbarkeit zu tun. Du bist dankbar, dass am Morgen die Sonne aufgeht, dass du ein Dach über dem Kopf hast, dass du Menschen triffst. Geniessen, heisst auch einen Sinn in seinen täglichen Aufgaben zu sehen, ansonsten wird der Mensch zu einer funktionierenden Maschine. Die Genusssucht führt uns zu fremden Göttern, die uns versklaven, doch im richtigen Geniessen strahlt uns auch die Freundschaft Gottes entgegen: in einem Lächeln, in einer Blume, in jedem guten Wort, in jeder zärtlichen Umarmung. Wer das Kleine der Welt geniessen kann, entdeckt darin ein grosses Kunstwerk und wird dadurch bereichert.

14. September

Wenn wir in unserem Volksmund sagen: „Mit diesem Menschen kann man gut reden", ist eigentlich nicht in erster Linie das Reden selbst gemeint, sondern eher das „Zuhören" wird angesprochen. Ein Mensch mit dem man gut reden kann, hat vorerst die Fähigkeit zuzuhören.
Ein indianisches Sprichwort besagt: „Hör zu, sonst macht dich deine Zunge taub!"
Gerade in einer Welt, in der wir von morgens bis abends von unzähligen Geräuschen und Lärm umgeben sind, haben die Menschen das Zuhören oft verlernt. Für viele wirkt die Stille beängstigend und erdrückend. Dennoch versuch es: „Hör zu, sonst macht dich deine Zunge taub!"

15. September

Wie oft hören wir heutzutage klagen, dass das Leben bei uns immer teurer wird. Für viele Menschen wird das monatliche Einkommen knapp, denn Wohnungsmiete, Versicherungen, Krankenkassen und Lebensmittel werden immer teurer. Ich möchte keine Verantwortung von uns schieben, einander gegenseitig zu helfen und möchte auch keinen schwachen und billigen Trost spenden. Ich möchte nur ganz einfach in Erinnerung rufen, dass es die wesentlichen Dinge des Lebens umsonst gibt. Sie werden uns gratis geschenkt:

Der Schoss deiner Mutter, die Sonne und die Freundschaft, eine herzliche Umarmung, das Licht des schönen Spätsommertages, das Lachen eines Kindes, das Lied eines Vogels, der Tag und die Nacht, die Ruhe und Stille, der siebte Tag, das Leben und Sterben, das Menschsein auf Erden.

16. September

Wenn zwei Menschen miteinander schweigen, kann eine wohltuende Stille sie verbinden. Es kann jedoch auch eine peinliche Stille voller Spannungen und Blockaden geben. Meistens haben zwei Menschen, wenn sie miteinander schweigen, sich etwas zu sagen.

So geht es mit der Stille vor Gott. Manchmal fehlen uns Worte, um zu beten. Aber ein Dasein in der Stille vor Gott genügt. In dieser Stille geht Gott den Weg mit uns: bei der Arbeit, im Alltag, in der Meditation. In diesem Wissen, dass es nicht grosse Worte braucht, wird die Stille wohltuend.

17. September

Wenn du auf einem hohen Berg oder am Meeresstrand bist, kannst du den Horizont sehen. Himmel und Erde berühren sich dort. Himmel und Erde gehen ineinander über. Von blossem Auge können wir nicht unterscheiden, wo der Himmel anfängt und die Erde aufhört. Der Himmel berührt die Erde.

Dazu müssen wir aber unseren Blick dem Horizont zuwenden, dann müssen wir einen Weitblick haben.

So ist es auch mit unserem Leben. Wenn wir weit blicken und nicht nur uns selbst als Zentrum der Erde sehen, dann verbindet sich das Göttliche und Himmlische mit der Erde, mit unserem Menschsein. Ich wünsche uns heute den nötigen Weitblick, damit es ein himmlischer Tag wird.

18. September

Ich glaube meiner Uhr nicht länger. Manchmal geht sie langsam, bleibt fast stehen, 10 Minuten sind dann wie eine Stunde. Es sind Momente in denen ich mich langweile, die mir gegen den Strich gehen.

Bei anderer Gelegenheit rasen die Zeiger über das Zifferblatt – das sind vor allem Momente, die mir gefallen, die ich schätze, von denen es nicht genug gibt.

Und dann gibt es noch die Momente, in denen ich meine Uhr und die Zeit ganz vergesse. Bei einem guten Gespräch, beim Spiel mit den Kindern, bei einer Wanderung in den Bergen. Diese zeitlosen Zeiten sind die Augenblicke, die intensiv gefüllt sind mit Leben, die Augenblicke, für die es sich lohnt, zu leben.

19. September

Begleiten heisst: Ich habe Achtung vor dem, was dem anderen heilig ist und wichtig. Ich bin an seiner Seite, höre zu, nehme mir Zeit. Begleiten heisst nicht, seine eigene Spur dem anderen aufzuzwingen. Begleiten heisst: Ich habe Achtung vor dem, was dem anderen heilig ist und wichtig.

20. September

Was haben wir eigentlich vor zwanzig Jahren ganz ohne Handy gemacht? Verabredungen haben auch geklappt. Und das Wichtige, was ich von Freunden und Familienangehörigen wissen musste, habe ich gewusst. Vor allem frage ich mich: Weiss ich heute mehr? Haben wir früher etwas verpasst? Ich glaube NEIN!!! Sind wir einander näher gekommen? Ich glaube NEIN!!!
Wirkliche Nähe entsteht dadurch, dass wir einander vertrauen können und dass das Vereinbarte nicht einfach so – z. Bsp. mit einem SMS – über den Haufen geworfen wird.
Warum also trotz Handy nicht mal so tun als hätte man keins – Ein Ja ein Ja, ein Nein ein Nein!

21. September

Ich wünsche dir heute die Kraft der Zärtlichkeit. Zärtlichkeit ist etwas Wichtiges in unserem Leben. Am ehesten denken wir da an zwei Verliebte, die zärtlich zueinander sind. Aber Zärtlichkeit darf nicht nur als Umgang zwischen Verliebten verstanden werden.

In einer Welt, in der es viel Gewalt und Zerstörung gibt, sehnen sich immer mehr Menschen nach einem zärtlichen Umgang miteinander und mit der Umwelt. Zärtlichkeit ist die Kunst mit den Mitmenschen, mit der Natur und Sachen zärtlich umzugehen. Die Kraft der Zärtlichkeit soll dich mit allen Menschen und mit allem, was du in die Hand nimmst zärtlich umgehen lassen. Zärtlichkeit schafft Atmosphäre der Liebe, Zuneigung, Respekt und der Achtung. Zärtlichkeit hat auch keinen Besitzanspruch, weil Zärtlichkeit nur in Freiheit möglich ist.

Der heilige Benedikt, so sagt man, hat von einem Klosterverwalter verlangt, mit allen Sachen so umzugehen, wie mit den heiligen Altargeräten und so die Zärtlichkeit zu üben.

22. September

Ein türkischer Sprichwort sagt: „Die Eile und Hektik wurden vom Teufel erschaffen!" Ich glaube, das ist gar nicht so falsch! Und wenn der Teufel die Eile und den Stress erschaffen hat, dann können wir im Gegensatz doch wirklich von der „himmlischen Ruhe" sprechen. Die himmlische Ruhe ist für viele Menschen heute ein grosser Wunsch, weil sie unter einem gnadenlosen Druck und Stress stehen und weil die Zeit anscheinend davon läuft.

Nicht nur die Nerven leiden darunter, auch für die Seele und das Gemüt ist dies sicher nicht von Gutem. Das Göttliche lässt sich nicht im Stress und im Zeitdruck entdecken. Da können wir tatsächlich sagen: „Die Eile und Hektik wurden vom Teufel erschaffen!"

23. September

Die Ausdauer ist etwas ganz Wichtiges im Leben. Sie ist Voraussetzung, um überhaupt an das Ziel zu kommen. Schnell lassen sich viele Menschen von etwas begeistern, sie sind dann Feuer und Flamme, voller Elan und neuer guter Vorsätze. Schon mancher hat sich voll Schwung ans Werk gemacht und nach einer gewissen Zeit wieder vorschnell aufgegeben.

Aber jedes Mal, wenn wir einen Vorsatz aufgeben, geben wir auch ein Stück von uns selbst auf! Dann trauen wir uns selbst nicht mehr. Vielleicht liegt es daran, dass wir zu viel auf einmal machen. Nicht vergebens heisst es in einem alten Sprichwort: „Der Weg zur Hölle ist mit vielen guten Vorsätzen gepflastert!" Niemand von uns kann von heute auf morgen die Welt verändern oder gar verbessern. Und viele gute Vorsätze allein haben auch noch nie etwas dazu beigetragen. Aber ein Ziel zu haben und daran zu arbeiten, das ist wichtig. Welche Ziele begleiten dich im Moment?

24. September

Viele Menschen fragen sich: „Wer hört mir denn überhaupt zu?" Menschen mit offenen Ohren und einem offenen Herzen sind heute Mangelware – wie man so sagt. Wer hat denn heute schon Zeit, sich hinzusetzen und einfach zuzuhören?! Wahrscheinlich nur jene, die dafür bezahlt werden.

Oder – probier' es doch einfach selber! Du wirst erleben, dass es auch dir gut tut, wenn jemand zu dir sagt: „Du, ich fühle mich von dir verstanden! Bei dir bin ich gern. In deiner Nähe fühl ich mich sicher und wohl!"

25. September

Gelassenheit hat nichts mit Leichtsinnigkeit oder Fahrlässigkeit zu tun. Die Kraft der Gelassenheit gründet in einem enormen Vertrauen. Wer meint, er müsse alles selber ins Lot bringen und regeln, trägt schwer an Verantwortung und tut sich auch mit seinem Mensch-Sein schwer. Sicher ist es wichtig, an sich selber zu arbeiten und das eigene Leben ernst zu nehmen – aber ein wenig Humor würde so manch einem von uns gut tun.

26. September

Im ursprünglichen Walliserdialekt haben die Monate jeweils Namen, die in Bezug zur Jahreszeit, zum Glauben und zum Leben stehen. So wird zum Beispiel der November „Totumonat" genannt, der Dezember „Chrischtmonat" oder der Juli „Hewwut". Die verfliessende Zeit ist dabei nicht nur eine Abfolge von Kalenderblättern, ein Tag, ein Woche oder Monat wie jeder andere mit 30 oder 31 Tagen, sondern sie haben Bezug zum Leben, zum Glauben, zu Tätigkeiten und zur Jahreszeit. Sie werden dadurch etwas Besonderes. Auch der heutige Tag ist besonders. Welchen Namen würdest du ihm geben?

27. September

Zu einem reifen Menschen gehört auch die Fremdverantwortung. „Liebe deinen Nächsten, wie dich selbst." Wir sind alle in einem sozialen Netz mit anderen Menschen eingebunden. Mit anderen Menschen sollen und dürfen wir mitfühlen und in mitstärkender Verantwortung leben.

Fremdverantwortung heisst unter anderem, den Mitmenschen mit Ehrfurcht und Respekt zu begegnen. In unseren Mitmenschen können wir gleichzeitig Gott begegnen: manchmal vielleicht auch als Herausforderung, die nicht so einfach ist. Fremdverantwortung schenkt uns gegenseitig eine Sicherheit und es ist wichtig für uns, zu wissen, dass wir nicht allein sind auf unserem Weg. Zusammen können wir so manche Hürde viel einfacher meistern: im gegenseitigen Dasein und Helfen. Aneinander wachsen zu können, das kann uns zu reifen Menschen werden lassen.

28. September

Um glücklich zu sein, ist es nicht wichtig, wie viel wir haben, es zählt eher, dass wir das, was wir haben, schätzen können. Wer glücklich ist, gibt dem was er hat einen speziellen Wert. Wer glücklich ist, nimmt nicht alles als eine Selbstverständlichkeit an. Das Glück fällt einem nicht einfach so in die Arme – aber das Glück kann man aufnehmen: in der Freude an einem schönen Baum, in der Kraft eines Schneesturms, in der Gelassenheit der Kinderaugen, im Schätzen einer guten Mahlzeit. Wer intensiv und bewusst lebt, kann glücklich sein und findet dabei eine Eigenständigkeit in der Ruhe und eine Ausgeglichenheit in seinem Tun.

29. September

Toleranz heisst nicht, zu allem „Ja und Amen' zu sagen. Tolerante Menschen dürfen durchaus sehr kritisch sein, aber ein toleranter Mensch kann akzeptieren, dass ein Mitmensch anders denkt, fühlt und handelt. Wer tolerant ist, setzt sich selbst nicht absolut und kann somit auch sich selbst hinterfragen. Was anders ist, ist nicht immer schlecht. Was andere anders machen, ist nicht immer falsch. Jesus hat gesagt: „Schau zuerst deinen eigenen Balken vor deinen Augen an, bevor du den Splitter im Auge eines Anderen siehst!" Wer diesen Satz ernst nimmt, merkt, dass der Balken und der Splitter meistens aus demselben Holz sind.

30. September

Das Wort „Liebe" wird ja tatsächlich für vieles gebraucht. Aber die Liebe, die uns zu reifen Menschen werden lässt, meint ein Geben und Nehmen, ein Beschenken und Schenken ohne Berechnung – ohne Kalkül.
Die Liebesfähigkeit ist damit die Fähigkeit jemanden gern zu haben, aber auch die Fähigkeit, Liebe anzunehmen. Liebe wird nicht geringer und weniger, wenn wir sie verschenken – im Gegenteil, sie wächst mit jedem Mal. Messbar ist sie nicht, sie ist in ihrer Zuneigung, Zärtlichkeit, Wärme und Fürsorge erfahrbar und macht unsere Welt um so Vieles menschlicher.

OKToBeR

01. Oktober

Viele Menschen haben heute Angst, keinen Platz an der Sonne zu haben. Sie sind immer der Meinung, andere seien auf besserem Boden und hätten in ihrem Leben mehr Licht. Dieser Neid lässt Menschen unglücklich und misstrauisch werden.

Die Sonnenblume kann uns ein Vorbild sein: sie grollt nicht einfach still vor sich hin. Sie dreht sich immer wieder der Sonne zu und wird so von den Strahlen, von der Wärme und Kraft beschenkt. Sie schaut nicht auf andere Blumen.

Darum wünsch ich dir, besonders in dunklen Stunden, die Eigenschaft der Sonnenblume, die ihr Gesicht immer dem Licht zuwendet, so dass der Schatten hinter sie selbst fällt.

02. Oktober

Wer schon mal im Internet etwas gekauft oder verkauft hat, kennt das: Nach abgeschlossenem Deal können sich Käufer und Verkäufer gegenseitig eine Bewertung geben. In der Regel läuft alles glatt und beide geben sich gegenseitig eine gute Bewertung. Wenn aber mal was zu kritisieren ist, dann wird's kompliziert. Wer jemanden schlecht taxiert, bekommt auch eine schlechte Bewertung zurück, so ganz nach dem Motto: „Wie du mir, so ich dir!"

Wer selbst hohe Qualitätsmassstäbe an andere anlegt, hat sich zuerst selbst daran zu messen. Wer von anderen Gutes erwartet, muss auch Gutes als Vorleistung bringen. Wer Gerechtigkeit will, muss selbst fair bleiben. Online und im „richtigen" Leben.

03. Oktober

Standby. So ist heute der Betriebszustand vieler Elektrogeräte im Haushalt. Fernseher, Radios, Videorecorder und Computer haben häufig eine so genannte Standby Taste. Ist die gedrückt, ist das Gerät nicht richtig an aber auch nicht richtig aus. Es steht auf Bereitschaft – eben neudeutsch standby.

Standby zu sein, das ist ein Betriebszustand, den wir leider auch in unserem Leben kennen. Wir sind zwar nicht auf der Arbeit, aber wir schalten auch nicht richtig ab, die Dinge gehen nicht aus dem Kopf, irgendwie sind wir permanent unter Strom. Nicht richtig am Schaffen aber auch nicht richtig am Faulenzen. Auf die Dauer frisst dies Energie, wie beim Elektrogerät. Viele Menschen, die sich im Leben aufopfernd engagiert haben, hatten einen Ort, wo sie abschalten konnten, Momente in denen sie nicht unter Strom standen. Selbst Gott braucht bekanntlich, als er die Welt geschaffen hat, nach sechs Tagen Arbeit erst einmal einen Tag Pause. Und wie sieht's bei dir aus?

04. Oktober

„Free hugs", „Kostenlose Umarmungen". Ein Mann trägt dieses Bild durch die Strassen einer Grossstadt. So fängt ein Kurzfilm im Internet an. Im düsteren Schwarz/Weiss ist dieser Film gedreht, vielleicht, weil der Mann zunächst vergeblich seine kostenlosen Umarmungen anbietet. Leute drehen sich ab, gehen schnell vorbei. Doch da kommt eine alte Frau auf den jungen Mann zu. Der muss sich tief bücken, um die Frau zu umarmen. Nach dieser Umarmung ist alles anders. Der Film wird bunt. Farbe kommt ins Spiel, ... und viele Umarmungen. Mehr und mehr Menschen schliessen sich dem jungen Mann an. Sie nehmen auch Schilder in die Hände, bieten auf der Strasse kostenlose Umarmung an.

Es muss nicht ein Plakat sein, es muss nicht unbedingt eine Umarmung sein, ein herzliches Danke-Schön oder ein Lächeln genügen bereits. Diese kostenlose Aktion tut auch deiner Umgebung gut. (http://www.youtube.com/watch?v=vr3x_RRJdd4)

05. Oktober

„Gesundheit ist das Wichtigste!" Dahinter setze ich je länger je mehr ein grosses Fragezeichen. Ich geniesse es, gesund zu sein. Aber ich erlebe auch Menschen, die krank sind – manchmal schwer krank sind – oft trotzdem so voller Energie. Manchmal wirken sie lebendiger und froher als die Gesunden. Krankheit ist nicht immer einfach eine Beeinträchtigung oder gar ein Makel. Sie kann auch Kräfte frei setzen: bei einzelnen Menschen – und auch zwischen den Menschen. Ich will nicht sagen, Krankheit sei etwas Gutes. Aber ich bin davon überzeugt: Wert und Würde unseres menschlichen Lebens hängen nicht davon ab, ob wir immer gesund sind. Wenn wir das bedenken, entlarven wir die Lüge des gesellschaftlichen Gesundheits- und Jugendwahns.

06. Oktober

Ein Leben lang wissen andere, was einem gut tut. Das fängt schon bei den Kindern an. Die müssen sich nämlich sagen lassen, dass Eltern, Lehrer und andere schon wissen, was für sie gut ist. Und das geht so bis ins hohe Alter, wenn im Pflegeheim andere entscheiden, wann es gut ist, aufzustehen, zu essen oder ins Bett zu gehen. Es kann sehr nervig sein, wenn andere meinen, sie wüssten ohnehin immer was für einen gut ist.

Jesus hat ganz anders gehandelt. Er hat den Blinden gefragt: „Was soll ich dir tun?" Auch wir selbst könnten manchmal fragen, statt zu bestimmen. Oder scheuen wir die Antwort?

07. Oktober

In dem Wort Kredit steckt das gleiche lateinische Wort wie in „Credo", ich glaube.
Wer mir Kredit gibt, glaubt an mich und meine Möglichkeiten. Der glaubt daran, dass
ich es schaffe. Kein Mensch kann ohne einen solchen Kredit leben. Wir alle leben
davon, dass andere Menschen in unser Leben investiert haben und uns Vertrauen
schenken.
Mir scheint, darum müsste es auch bei der Kreditvergabe gehen: investieren nicht
nur in Geschäfte, sondern in Menschen und in ihre Zukunft. Das wären dann Kredite,
mit denen gute Geschäfte zu machen sind. Denn wirklich gute Geschäfte bestehen
nicht nur aus Geld verdienen.

08. Oktober

Im Management, in Firmen bei Umstrukturierung, bei prozessorientiertem Arbeit oder
bei Neueinführungen bezeichnet man den Eröffnungsanlass oder die Erstsitzung als
„Kick off" – Veranstaltung. Dieser Anlass soll und darf etwas in Gang bringen. Es ist
der erste Schritt, auch wenn er vielleicht nur im Kopf geschieht, der etwas Grösseres
in Gang bringen darf.
Aber auch ein kleiner Schritt, ist ein Schritt nach Vorwärts! Heute ist die Gelegenheit
für dein „Kick off" damit auch wir lebendig sind und nicht stehen bleiben. „Kick off" –
bei etwas das du schon seit langen ändern wolltest!

09. Oktober

Die Menschen bei uns werden immer älter. Die Lebenserwartung steigt. Männer holen gegenüber Frauen sogar leicht auf. Ein heute geborenes Mädchen hat im Durchschnitt eine Lebenserwartung von 82,3 Jahren. Jungen werden 76,9 Jahre alt. Der Schriftsteller Gorch Fock soll gesagt haben: „Man kann sein Leben nicht verlängern oder verbreitern, wohl aber vertiefen." Ich verstehe darunter eine Tiefe, in der ich mir selber begegne: Wer bin ich? Wo stehe ich? Ich kann mit Bestimmtheit sagen, dass ich auf jeden Fall besser, froher, sinnvoller gelebt habe, als wenn ich nur in den Tag hinein gelebt hätte.

10. Oktober

Dankbarkeit ist uns Menschen nicht in die Wiege gelegt. Aber ich denke, es lohnt sich, so etwas wie eine Lebenshaltung der Dankbarkeit einzuüben. Indem ich mir immer wieder klar mache, was mir jeden Tag, z. Bsp. Seitens meiner Mitmenschen, geschenkt wird. „Undankbarkeit führt zu Sorge und Geiz", hat der Reformator Martin Luther einmal gesagt. Klar: Wer nicht merkt, wie oft er etwas geschenkt bekommt, kann auch selbst nicht grosszügig sein. Dankbarkeit dagegen macht das Leben weit und hell. Wie sagt man? Danke. - Nicht weil ich muss, sondern weil es sich lohnt.

11. Oktober

Du kannst Niemanden zum Erfolg, Glück oder Ziel tragen, wenn er selbst nicht den Weg gehen möchte.

Wenn dich Jemand um Hilfe bitte, dann ist er auch bereit für eine Veränderung. Aber lass ihn auch dann, den Weg selber gehen, du kannst ein Stück mit ihm gehen und ihm auf dem Weg begleiten. lass ihn aber jede Anstrengung auf dem Weg überwinden, nehme ihn nicht alles ab. Damit es auch wirklich sein Weg und sein Erfolg ist.

12. Oktober

Keine Jahreszeit erleben wir so zwiespältig wie gerade den Herbst. Die erste Hälfte des Herbstes lieben wir wegen der Vielfalt der Farben – die Natur zeigt sich noch einmal in voller Pracht.

Doch dann kommt die Dunkelheit, Dunkelheit und Nebel – die langen Nächte, die kurzen Tage!

Was blühend und prächtig war, geht unweigerlich und unaufhaltsam unter. Etwas stirbt und wir werden an unsere eigene Vergänglichkeit erinnert.

So ist der Herbst die Zeit der Auseinandersetzung mit dem Tod - darin aber zugleich auch mit dem Leben.

Ich bin dankbar, dass wir diese Jahreszeiten bei uns so intensiv erleben dürfen. Sie lassen das Leben spüren: vom Anfang bis zum Ende. Diese Einsicht lässt mich bewusst leben und dem Leben gegenüber dankbar sein für dieses Geschenk!

13. Oktober

In unserer Gesellschaft zählt oftmals immer nur das, was man macht und produziert. Die Leistung ist normalerweise gefragt, aber in den Augen Gottes scheint das anders zu sein. Gott schaut mit den Augen der Liebe und da zählt nicht Profit und Produktion.

Ja, „in den Himmel gehst du nicht mit dem, was du getan hast, sondern mit dem, was du verschenkt hast!"

14. Oktober

Der Künstler Jean-Tinguely hat zu seinen Lebzeiten aus Abfällen, rostigem Eisen, defekten Maschinen und anscheinend nicht mehr brauchbaren Gegenständen neue moderne Kunstwerke entwickelt. Mit viel Phantasie und technischem Können hat er „sich bewegende" Skulpturen, wasserspeiende Brunnen und lebensfrohe Bilder geschaffen.

Auch unser menschliches Leben ist immer nur Teilstück, bruchstückhaft und eben niemals vollkommen. Unser menschliches Material – es kann gewandelt, ummodelliert, verändert und zu einem guten sinnvollen Ganzen zusammengefügt werden. Ein neues Werk kann geschaffen werden, in dem eben diese krummen, abgebrochenen und halbdefekten Teile wichtig werden, damit das Ganze funktioniert.

Wie wär's unsere Mitmenschen unter diesem Blickpunkt zu erkennen und anzunehmen?!

15. Oktober

Der junge König Salomo bekam zu Beginn seiner Amtszeit von Gott einen Wunsch frei. Und Gott war erstaunt, dass er nicht Herrscherglück und Kriegsruhm oder Wohlstand erbat, sondern schlicht sagte: „Gib mir ein hörendes Herz." Wie oft jedoch müssen wir feststellen: "Das hab ich nicht so gemeint" oder "Ddas hast du oder ich falsch verstanden".

In den Wörtern unserer Mitmenschen oder in unseren eigenen Sätzen schwingen und leben unsere Erfahrungen und Erlebnisse mit. Und deshalb können wir nur verstehen und verstanden werden, wenn wir nicht bloss hinhören, sondern aufeinander hören - dazu braucht es aber nicht nur offene Ohren, sondern auch ein offenes Herz.

16. Oktober

Überall und in vielen Zusammenhängen wird heute von „Kompetenz" gesprochen: Sozialkompetenz, Fachkompetenz, Handlungskompetenz usw. Das Wort Kompetenz kommt vom Lateinischen „competentia" oder „competere" und heisst: zusammentreffen oder zustehen.

Um zusammenzutreffen oder einander zuzustehen müssen wir uns jedoch aufmachen und aufeinander zukommen. Kompetenz hat mit „Aufbruch" zu tun. Brich auf, damit lähmender Stillstand nicht Einzug hält.

17. Oktober

Augustinus hat gesagt: „Unruhig ist unser Herz, bis es ruht in dir!" Wir Menschen suchen ein Leben lang, wir gehen immer wieder vorwärts. Das gehört zu unserem Leben. Leben ist Bewegung, Leben heisst Vorwärtsgehen, Leben heisst, Neuem entgegen zu gehen.

Aber in welche Richtung gehen wir denn? Komme ich an ein Ziel? Vielleicht sollten wir ab und zu auch still stehen und schauen wohin wir laufen, damit wir auch ankommen.

„Unruhig ist unser Herz, bis es ruht in dir!" Ja, der Moment der Ruhe, der Heimat und der Geborgenheit scheint wichtig! Nicht erst im Jenseits. Ein Moment der Ruhe ist vielfach wie ein kleines Stückchen Himmel auf Erden!

18. Oktober

Ein ganz einfacher Mann ist unverhofft gestorben und kam plötzlich vor den göttlichen Richter. Er hatte Angst, weil er in seinem Leben nicht aussergewöhnlich viel Gutes getan hat. Vor ihm waren aber zuerst noch andere Verstorbene an der Reihe! Und er hat die ganze Sache beobachtet. Jesus blätterte in einem dicken Buch und zum Ersten hat er gesagt: „Da drin steht geschrieben: „Ich war hungrig und du hast mir zu essen gegeben. Bravo! Ab in den Himmel!" Zum zweiten hat er gesagt: „Ich war im Gefängnis und du hast mich besucht. Bravo! Ab in den Himmel!" Zum dritten: „Ich war nackt und du hast mich bekleidet. Bravo! Ab in den Himmel!" Und so fort.

Da kam der Mann ins Zittern, weil er noch nie im Gefängnis war und nie in einem Hungergebiet gelebt hat. Jetzt kam er an die Reihe! Jesus hat nachgeschaut und zu ihm gesagt: „Da steht tatsächlich nicht viel geschrieben. Aber ich war traurig und enttäuscht. Da bist du vorbei gekommen, hast einen Witz erzählt und mir ein Lachen geschenkt. Ab in den Himmel!"

19. Oktober

Es gibt Menschen, an die man sich immer wieder erinnert und über die immer wieder gesprochen wird. Ja, es gibt Menschen, die haben sich ins Gedächtnis der Menschheit eingeprägt. Wenn wir das genau betrachten, merken wir: diese Menschen waren wirklich Originale.

Nur von Originalen werden noch nach Jahren Geschichten und Anekdoten erzählt.

Sie gingen ihre eigenen Wege und jedes von ihnen war im wahrsten Sinn des Wortes ein Unikum. Dadurch haben sie die Welt bereichert.

Auch heute wird von uns oft verlangt, dass wir einem bestimmten Schema und den Vorstellungen der Mehrheit entsprechen.

Doch denke daran: du bist etwas Einmaliges! Und jedes von uns kann diese Welt bereichern, wenn es seine Originalität erkennt und lebt.

20. Oktober

„Trotz Umbau geöffnet!" Dieses Schild gefällt mir besonders gut, vor allem wenn ich vom betreffenden Geschäft noch etwas möchte. Meistens herrscht dann auch eine grosse Unruhe umher: Staub, Dreck, Abschrankungen, Gerüste und laufen müssen wir dann meistens über Schalungsbretter, um nicht plötzlich in einem Loch zu landen! Aber das Schild „Trotz Umbau geöffnet!" versichert mir, dass ich den Weg hierhin nicht umsonst gemacht habe. So ein Schild mit der Aufschrift „Trotz Umbau geöffnet!" wäre doch auch in unserem persönlichen Leben vielfach eine gute Sache.

Es gib Momente, da würde uns ein solches Schild gut tun: vor allem das erste Wort: TROTZ oder Trotzdem! Trotz dem Negativen in der Welt, trotz dem Streit, trotz den Schwierigkeiten in der Schule, trotz dem ignoranten Chef, trotz dem Blechschaden am Auto, trotz meinen Kopfschmerzen, trotz der Niederlage, trotz der Beleidigung, trotz, trotz....trotz Umbau geöffnet.

Ja, manchmal ist die Welt um uns herum auch wie eine Baustelle, so ein richtiges Tohuwabohu. Da ist es wichtig zu wissen, dass das Leben trotz-dem weiter geht – auch hinter der Baustelle: eben gerade TROTZDEM.

21. Oktober

Im Moment, in dem wir sagen können: „Das ist es!", stimmt's für uns, dann sind wir zufrieden mit der Welt. Eigentlich sollten wir das immer und zu jedem Zeitpunkt sagen können, aber auch Visionen und Träume zur Veränderung in unserem Leben sind wichtig. Es ist nötig, ab und zu den eigenen Standpunkt und den eigenen Blickwinkel neu zu überdenken. Es ist bestimmt nicht nur von unserer Umwelt abhängig, dass wir sagen können: „Das ist es!" Einen gewissen Schritt müssen auch wir machen. Es geht darum, das Gute und Schöne zu sehen, in den Menschen und verschiedenen Sachen. Auch Menschen werden nie so sein, wie wir sie gerne hätten, aber wir können lernen das Gute zu sehen, in dem was ist.

Wenn du wissen willst, was Glück ist, schau in den Spiegel oder in die Augen eines Mitmenschen in deiner Nähe und sag dir: „Das ist es!"

22. Oktober

Das "Nicht-loslassen-können" und den Folgen dieses Verhaltens begegnen wir im Alltag immer wieder.

Eltern und Erzieher, die ihre Kinder im jungen Erwachsenenalter nicht loslassen können und nicht akzeptieren, dass jeder Mensch mit der Zeit eigene Wege gehen muss.

In der Begleitung Kranker und Sterbender: Manche können sich nicht mit ihrer Situation abfinden und Angehörige haben Mühe den Menschen loszulassen.

Viele ältere Menschen, die ihr Leben lang unermüdlich gearbeitet haben, für andere da waren und sich selbst nur wenig gegönnt haben, tun sich mit dem Loslassen besonders schwer. Sie wollen im Alter noch alles für andere tun, aber auch bestimmen, wie es zu geschehen hat.

Dort wo wir im Vertrauen auf das Leben loslassen können, blüht Leben auf, wird die Kraft der Auferstehung in unserem Leben erfahrbar.

23. Oktober

Das alte Wort „Kumpan" oder „Kumpel", wie wir sagen, stammt ursprünglich vom lateinischen „con panis" ab und heisst wörtlich übersetzt „Mit-Brot". Ein Kumpel oder Copain ist also einer, der mit mir das gleiche Brot teilt und isst. Er ist ein vertrauter und vertrauenswürdiger Mensch vor mir.

Wenn wir das Wort Kumpel in unserer Umgangssprache benutzen, dann meinen wir damit einen Mitmenschen, mit dem wir zusammen etwas unternehmen und mit dem wir ein Stück Leben teilen. Ein Kumpel ist uns vertraut! Er ist ein Mensch, den wir mögen und für den wir einstehen – wobei wir dasselbe auch von ihm erwarten dürfen. Mit ihm essen wir Brot – mit ihm teilen wir uns selbst wie Brot.

24. Oktober

Es gibt einen Song von Kris Kristofferson, der berühmt geworden ist durch die Version von Janis Joplin: „Me and Bobby McGee". Da kommt der schöne Satz drin vor: „Freedom is just another word for nothing left to loose." Freiheit ist, wenn man nichts mehr zu verlieren hat.

Ob der Song der Hippie-Zeit in allem recht hat, wage ich zu bezweifeln! Wer um das Nötigste der Existenz zu kämpfen hat, fühlt sich wohl nicht so frei. Aber die Worte lassen mich nachdenken, woran wir unser Herz hängen und was uns in Gedanken abhängig macht. Freiheit ist, wenn man nicht an alles Mögliche gebunden ist. Freiheit ist, wenn wir loszulassen wagen.

25. Oktober

„Das hätte ich dir gleich sagen können!" Dieser Satz hat mich immer genervt. Die meisten Erfahrungen im Leben muss man selber machen – das kann mir niemand „theoretisch" abnehmen. Vielleicht kann ich im Nachhinein etwas bestätigen, was ich schon gehört habe. Aber es wird erst meine Erfahrung, wenn ich es selber erlebt habe.

Zu diesen Erfahrungen gehört auch mein Glaube. Das macht mein Leben und meinen Glauben nicht gerade einfach, aber spannend.

Der dänische Philosoph Soeren Kierkegaard hat einmal gesagt: „Verstehen kann man das Leben nur rückwärts, leben muss man es aber vorwärts."

26. Oktober

Es ist Tatsache, dass wir die Wirklichkeit gar nicht durch die Augen wahrnehmen, sondern vielmehr durchs Gehirn. Die Augen nehmen lediglich die Lichtwellen auf. Aber das Gehirn bestimmt, was wir sehen. Tatsächlich spielt vieles eine Rolle beim Sehen.

Ein alter Mensch sieht durch seine Lebenserfahrung die Dinge anders als ein junger. Wer verliebt ist, sieht die Welt mit anderen Augen als einer, der gerade verlassen wurde. Auch der Glaube prägt unsere Sicht von der Wirklichkeit. Wenn ich glaube, dass ein Gott da ist, der das Gute will für mich und für unsere Welt, dann sieht manches anders aus, was ich gerade sehe.

27. Oktober

Gerne vergleiche ich unser Leben mit einer Selbst-GmbH. Ja, genau – das Leben ist ein Unternehmen. Es will in einem Leben doch tatsächlich etwas unternommen werden. Dazu sollte man sich nicht einfach blindlings drauflos stürzen, sondern kurzfristig und langfristig planen. Wer nicht plant und sich keine Ziele setzt, ist wie ein Schiff auf offener See, das seinen Hafen nicht kennt. Geniesse beides: Die offene See und die Ruhe des Hafens. Dort kannst du überlegen, wohin es weiter geht. Eine GmbH braucht Planung.

28. Oktober

„Eigentlich" ist ein schreckliches Wort. Denn eigentlich erinnert mich an all das, was nicht so läuft, wie es soll. Eigentlich sollte ich weniger Auto fahren – das würde der Umwelt nützen. Eigentlich wollte ich mich nicht mehr ärgern über die blöde Kollegin. Eigentlich sollte ich weniger fernsehen und die gewonnene Zeit mit anderen Menschen verbringen…
Ich hab nachgeschaut: In der Bibel, im Buch der Geschichte von Gott und den Menschen, gibt es das Wort kein einziges Mal. Dies ist bestimmt kein Zufall, denn Gottes Beziehung zu uns Menschen ist nicht von bestimmten Umständen abhängig und nicht nur ein guter Vorsatz.
„Eigentlich" – dieses Wort kann mich auffordern wirklich konkrete Schritte zu tun, im Vertrauen darauf, dass Gott uns begleitet und jederzeit für uns da ist.

29. Oktober

Es gab Menschen in deinem Leben, die dein Selbstwertgefühl stärkten, dich ermutigten, motivierten und die an dich glaubten mit Sätzen wie "Du schaffst das schon!" oder "Toll, das hast du gut gemacht!"
Heute ist es deine eigene Aufgabe, dich selbst als liebender Mentor zu begleiten.

30. Oktober

Ehrenamtliche Leute haben meist eine tragende Rolle. Sie tragen bei und tragen mit und tragen zusammen, was gebraucht wird und sie machen so für Andere das Leben erst erträglich.

Unser Zusammenleben ist darauf angewiesen, dass jeder ein wenig mehr von sich gibt, als dass nötig wär und in Pflichtenheften festgelegt ist. Ohne dies wär unsere Gemeinschaft kaum vorstellbar und sie wär schon lange verkümmert zu einem harten, kalten und durchkalkulierten Leben.

31. Oktober

In meinem Dorf in Naters gibt es im Beinhaus eine interessante tiefgründige Inschrift. „Was wir sind, das werdet ihr, was ihr seid, das waren wir!"

Dieser Gedanke ruft uns die menschliche Vergänglichkeit in Erinnerung – fordert uns aber auch auf, die geschenkte Zeit bewusst und intensiv zu leben. Morgen ist Allerheiligen, nicht nur der Tag der Heilig-Geschriebenen, sondern aller Gläubigen: der Verstorbenen und der Lebenden. „Was wir sind, das werdet ihr, was ihr seid, das waren wir!"

Es ist ein Satz der erinnern will. Erinnerung ist lebenswichtig! Erinnerung lässt uns aus der Vergangenheit lernen. Erinnerung lässt uns das Leben schätzen. Erinnerung lässt nicht in Vergessenheit geraten. Erinnere dich, dass du nicht aus dir selber lebst!

NOVEMBER

01. November

Wenn das Leben, insbesondere das menschliche Leben, etwas Heiliges ist, dann gilt es an der Vision und Hoffnung festzuhalten, die alle Heiligen getrieben hat – nämlich an eine bessere Welt zu glauben und sich dafür zu engagieren.

02. November

Wem gehört der Mensch? – Eine Mutter, die ihr Kind liebt, wird natürlich sagen: Das Kind gehört mir. Und auch das Kind wird bald nicht ohne Stolz sagen: Ich gehöre meiner Mutter, meinem Vater. Da ist noch alles klar.

Der Jugendliche aber betrachtet sich nicht mehr als Eigentum seiner Eltern. Er will selbständig werden, auch wenn die Eltern damit oft Mühe haben. Der Erwachsene sagt: Der Mensch gehört v. a. sich selbst. Und doch wiederum nicht ganz. Da sind erneut Menschen, die Anspruch erheben möchten. Freunde, Geliebte, Lebenspartner, Ehepartner erfahren es, wenn man sich darin einig ist: Wir wollen einander gehören, möglichst fürs ganze Leben. Und wenn wir sterben? Wem gehören wir dann?

03. November

In unserer Gesellschaft wird das Sterben und der Tod, so weit wie möglich abgeschoben, denn gefragt sind heute Vitalität, Schönheit und Produktivität. Und dennoch ist und bleibt der Tod wohl die sicherste Sache in unserem Leben.
Der Monat November wird mancherorts auch als Totenmonat bezeichnet.
Der Gedanke an unsere Endlichkeit lässt uns leiser treten und Prioritäten anders setzen.

04. November

Ich erlebe betagte alte Menschen und kleine Kinder manchmal recht ähnlich - sogar schmerzlich ähnlich, wenn ich bemerke, wie das Baby den alten Menschen überholt, besser essen kann, wenn ihm eingegeben wird oder Mitmenschen zuverlässiger erkennt. Trotzdem hat der betagte alte Mensch etwas, was das kleine Kind in seinen schönsten Momenten nicht haben kann: die ganze reichhaltige Geschichte des Lebens. Und diese ist auch im Schweigen, in manchmal zusammenhanglosen Worten aufgehoben, sie ist bei alten Menschen auch in ihrer Gestik und ihrem Blick anwesend. Worte sind nicht immer alles, was den Menschen ausmacht.

05. November

Wir sind in den ersten Tagen des Novembers. Viele Menschen schmücken Gräber von lieben Verstorbenen: ein schöner Brauch. Menschen werden nicht einfach vergessen – nicht einfach wie ein ausgedientes Produkt weggeworfen. Sie leben zumindest in dankbarer Erinnerung.

Die Grabpflege ist sicher auch eine Möglichkeit, als Hinterbliebene, mit der Trauer umzugehen.

Doch jedes Grab hat auch eine Botschaft an uns im täglichen Leben. Jedes Grab erinnert uns: Wie wäre es, wenn wir die Blumen des Lobes und des Dankes einander zu Lebzeiten schenken würden, statt sie später auf den Gräbern verwelken zu lassen?

06. November

Die Tage werden kürzer – die Nächte länger! Die Natur nimmt ihren Lauf! Die Bäume verlieren ihre Blätter und scheinen wie tot. Viele Menschen haben ihre Mühe damit. Grund ist nicht nur weniger Sonne und die trüben Herbsttage, sondern auch die Mühe mit der Vergänglichkeit – die Mühe mit dem Sterben.

Die Natur ruft uns die eigene Vergänglichkeit in Erinnerung, wir können sie nicht abschütteln und ausser Kraft setzen.

Es nützt auch nichts, sich zu wehren und dagegen aufzulehnen. Der heilige Franziskus hat vom Bruder Tod gesprochen. Ein Bruder ist vertraut, ist wie ein Freund – vor dem Bruder braucht man keine Angst zu haben. Der Tod ist tatsächlich wie ein Bruder – er ist unser ständiger Lebensbegleiter. Niemand ist seit der Geburt so oft und so nah bei uns gewesen.

Wir können uns dagegen auflehnen, das kostet nur Energie und macht müde – lebensmüde. Wie Franziskus können wir aber auch unseren Begleiter besser kennenlernen und ihn annehmen. Dann wird er an Bedrohung verlieren und zum Gefährten werden.

07. November

Wer nie Schmerz über den Verlust eines Menschen gespürt hat, hat nie geliebt. Abschied nehmen prägt unser Leben. Es macht einerseits das Leben schwer, aber auch reich. Ich habe das Gefühl, es gibt ihm Tiefe.

In diesen ersten Tagen des Novembers ist der Gedanke des Abschiednehmens vielleicht besonders im Vordergrund. Aber dieser Gedanke zeigt dir auch einen Reichtum deines Lebens. Schätze dich glücklich, dass du Menschen begegnen durftest, kennen durftest, die dir lieb waren und die dich geliebt haben. Sie haben dein Leben bereichert und haben dich kostbare und wertvolle Momente erfahren lassen. Sei dankbar – denn ohne Abschied gäbe es nie eine Begegnung!

08. November

Bei „Lebensläufen" und Nachrufen gibt es meist immer nur „gute Seiten". Kritisches und Negatives wird nicht erwähnt, denn über Tote sagt man nichts Schlechtes.

Dabei machen wir die Beobachtung, dass die Mitmenschen eher geneigt sind, zu Lebzeiten das Negative wahrzunehmen. Kritik fällt uns einfacher auszusprechen als ein lobendes Wort.

Erst wenn das „Konkurrenzdenken" nicht mehr begründet ist, weil der Tod es weggeschafft hat, darf der Mensch in seiner Vollumfänglichkeit zum Vorschein kommen. Wie vieles wäre besser im zwischenmenschlichen Bereich, wenn wir im Nächsten und in der Nächsten zu Lebzeiten zuerst das Positive suchen würden, nicht erst nach dem Ableben.

09. November

Eine der meistverbreiteten Volkskrankheiten in unserer modernen Gesellschaft ist das Übergewicht. Was wir nicht so alles in uns „hineinfressen" den ganzen Tag über?!

Wohl die meisten werden jetzt an Fettleibigkeit denken. Dann müssen wir aber unsere Gedanken, über die Ernährungsberatung hinaus noch ein wenig weiter führen. Nicht nur das, was als Nahrungsmittel auf den Tisch kommt, meine ich. Ich denke auch an die täglichen Nachrichten, die wir konsumieren; an die vielen Bilder, die Töne und anderen äusseren Einflüsse und Reize. Was „fressen" wir da nicht alles in uns hinein?!? Und dazu gehört sicherlich die Frage: Was von all dem nährt mich nun wirklich? Was tut mir gut? Was ist gesund für mich - auch für meine Seele? Was ist aufbauend? Kräftigend? Oder: Was von dem, was ich täglich aufnehme, macht mich krank?

10. November

Im Französischen gibt es den Ausdruck: „Les extrèmes se touchent!", d.h. die Extreme in unserem Leben gehören zusammen. Vielleicht werden so Menschen auch aus einem anderen Blickwinkel gesehen, weil sie im Extrem leben und an den Rand der Gesellschaft gedrängt werden. Mir hat ein Lehrer gesagt, dass ein Mönch in einem geschlossenen Kloster und ein Drogenabhängiger viel Gemeinsames haben, weil beide im Extrem leben. Wie weit hat er Recht? Das ist wohl eine Frage, die nur unser Herz beantworten kann.

11. November

Heute ist der 11. November und am 11.11. um 11 Uhr 11 ist der offizielle Fasnachtsbeginn: ein Tag, verbunden mit Spass, Tanz und es ist ein Tag des Lachens, der Heiterkeit und des Humors.

Wenn ich an Fasnacht denke, kommen mir zwangsläufig auch die Masken der Kostümierten in den Sinn. Masken, hinter denen sich das wahre Gesicht des Menschen versteckt. Masken ,die etwas vortäuschen, das nicht der Wirklichkeit entspricht.

Ein Phänomen, das sich nicht nur zur Fasnachtszeit abspielt. Auch im tagtäglichen Leben tragen wir Menschen ja immer wieder Masken, verbergen Menschen ihr wahres Gesicht - vielleicht aus Angst, Verzweiflung oder Selbstschutz.

Menschen können sich so stark an ihre Masken gewöhnen, dass sie sich mit der Zeit selbst fremd vorkommen, sie verstecken sich in einer Rolle, in der sie sich gar nicht wohlfühlen, aber vielleicht sollen die Mitmenschen die Unsicherheit, die Traurigkeit oder gar die Feigheit nicht sehen.

Vielleicht wäre der Fasnachtsbeginn vom 11.11 auch eine Gelegenheit die eine oder andere Maske fallen zu lassen.

12. November

„Schön, dass Du da bist!" Ein Satz, der gut tut und der eine enorme Kraft hat.

Der Satz tut gut, weil er ausdrückt, dass ich von einem anderen Menschen gesehen werde.

Jemand freut sich, dass ich da bin – ohne, dass ich etwas Besonderes leisten oder irgendeine Erwartung erfüllen muss. Es genügt, dass ich da bin. Und der Satz hat eine enorme Kraft, denn Menschen fangen an zu leuchten, wenn sie beachtet werden. Von innen heraus. „Schön, dass DU da bist!"

13. November

„Grenzen sind dazu da, sie zu überwinden." Ein Spruch, der mir oft hilft, wenn ich an Grenzen stosse oder der mir Mut macht, nicht aufzugeben. Aber ich bin auch sicher: Das ist nur die eine Seite der Wahrheit. Denn viele Grenzen muss ich nicht überwinden, sondern annehmen und lernen, mit ihnen umzugehen.

14. November

Ein Mann kaufte sich ein Cello und hat in seinem Eifer Stunden lang geübt; jeden Tag, immer wieder. Aber er liess den Finger immer an derselben Stelle und an der gleichen Saite. Seine Frau hat das monatelang ertragen und erduldet, bis sie ihn gefragt hat, weshalb er immer nur einen einzigen Ton spiele. Sie wollte ihm beibringen, dass man mit den anderen Fingern noch viele andere Töne spielen könnte und dass somit eine schöne Melodie entstehen würde.

Er wollte sich davon nicht überzeugen lassen und hat ihr gesagt, er müsse eben nicht, wie andere, noch lange den richtigen Ton suchen, er hätte seinen Ton bereits gefunden.

Unser Leben ist auch wie eine Melodie. Die Musik des Lebens ist sehr vielfältig. Das Leben ist wie eine Symphonie und die können wir nur hören und spielen, wenn wir beweglich und offen sind für Neues. Ich wünsche uns den nötigen Mut, ab und zu eine andere Saite erklingen zu lassen.

15. November

Max Frisch hat einmal formuliert: „Schreiben heisst: sich selber lesen." Das gilt in besonderer Weise für Tagebücher. Es ist nicht jedermanns Sache, sein eigenes Leben in schriftlicher Form festzuhalten. Es kann jedoch helfen, sein Leben bewusster und intensiver wahr zu nehmen. Es kann eine Hilfe sein, sein eigenes Leben zu reflektieren und den Standort immer wieder neu zu bestimmen.

Wie ein Tagebuch kann auch ein Moment der Stille sein: innehalten, nachdenken, bewusst werden... um neue Schritte zu wagen.

16. November

„Alleine!" ist das Lieblingswort vieler kleiner Kinder. Alleine wollen sie die Treppe rauf, alleine den Löffel nehmen, auch wenn er noch nicht immer richtig in den Mund trifft, alleine wollen sie sich auf den Weg machen zum Freund im Nachbarhaus. Alleine, wie die Grossen!

Von wem sie das wohl haben? Normalerweise lernen Kinder von Erwachsenen. Müssten diese vielleicht nicht auch zeigen, dass sie nicht alles „allein" können? Gegenseitige Hilfe und Inanspruchnahme von Hilfe lässt uns einander näher kommen und einander wert-schätzen.

17. November

Die Taube mit dem Ölzweig im Schnabel ist ein Symbol für den Frieden. Picassos Zeichnung hat sie berühmt gemacht. Die Geschichte dazu steht in der Bibel: Es ist Noahs Taube, die den Friedenszweig bringt.

Noahs Taube wird längst losgelöst von der biblischen Geschichte verstanden. Aber im Zusammenhang mit ihr ist mir eines sehr wichtig: Eine Taube entschwindet nie, sie fliegt nicht endgültig davon. Sie kehrt zurück zu ihrem festen Grund. Sie möchte dort sein, wo der Mensch lebt.

18. November

"Benedicere" heisst das lateinische Wort für „segnen" und das bedeutet nichts anderes als "Gutes sagen"! Jemandem ein gutes Wort zuzusprechen. Das rechte Wort zur rechten Zeit, das allein ist schon ein Segen.

So gesehen gibt es auch sehr viel mehr Segen in der Welt, als wir manchmal wahrnehmen! Segnen, das heisst, jemandem ein gutes Wort zu sagen, ihm das Gute zuzusprechen, ihm ein Wort sagen, das von sich aus dann weiterwirkt, das Leben verändern, verwandeln, segnen kann.

„

19. November

Wo überzeugte Christen leben, muss die Welt anders sein! Der kritische Katholik und Buchautor Heinrich Böll hat es positiv auf einen Punkt gebracht: „Selbst die allerschlechteste christliche Welt würde ich einer gottlosen Welt vorziehen! Weil es in einer christlichen Welt Platz gibt für die, denen keine heidnische Welt je Raum gab: für Krüppel, Alte und Schwache."

20. November

Kannst du dir einen Maurer vorstellen, der einfach blindlings drauf los mauert? Vorstellen kann man sich das schon. Es ist natürlich kein Problem, eine Mauer hochzuziehen, ohne nachzudenken, wo die Fenster hinkommen, eine Nische ausgespart bleiben soll oder ein Anbau vorgesehen ist.

Ja, vorstellen kann man sich das schon. Ich möchte das Haus, das dabei herauskommt, allerdings nicht sehen und nicht kaufen, geschweige denn bewohnen.

Den Bauplan zu studieren, und zwar nicht nur am Anfang, sondern immer wieder, nach jedem Abschnitt inne zu halten, genau hinzuschauen; das ist auch eine Aufgabe in alltäglichen Leben. Damit ein Bau gelingen kann, muss man trotz aller Geschäftigkeit in Beruf und Familie immer wieder einmal den Gang rausnehmen, zur Ruhe kommen und den Bauplan studieren. Ich wünsche dir den nötigen Mut dazu!

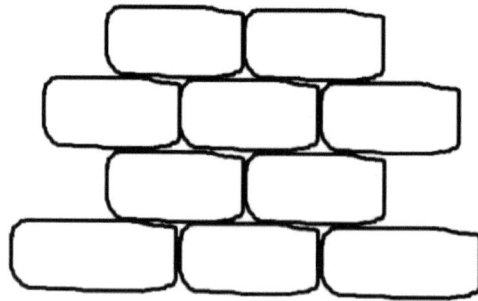

Welcher Stein ist heute wichtig und richtig?

21. November

Smalltalk heisst übersetzt: Unverbindlich miteinander plaudern. Das machen wir ständig, auf der Arbeit, zwischen Nachbarn, im Supermarkt, an der Bushaltestelle etc. Smalltalk, das ist die Kunst, freundlich über Belangloses zu reden. Manchmal wird Smalltalk verpönt oder als belanglos abgetan. Aber es gibt wohl keine langjährige glückliche Liebesbeziehung, die sofort mit Heiratsplänen begonnen hat. Smalltalk lässt uns einander näherkommen, lässt Kontakte knüpfen und kann der Beginn einer bereichernden Beziehung sein.

22. November

Die Hirnforscher sagen: unser Gehirn hat sich daran gewöhnt, möglichst rasch mit immer neuen, aufregenden Bildern belohnt zu werden.
Manchmal habe ich den Eindruck, dass sich auch unser Leben insgesamt so verändert hat. Vieles muss schneller gehen Es wird rationalisiert und eingespart, wo nur möglich. Wir haben meist für dieselbe Tätigkeit weniger Zeit als früher. Und dazu noch die Schritte: Berufswechsel, Partnerwechsel, Ortswechsel. Damit muss man erst einmal zurechtkommen. Manche fallen vor Schwindel vom Gleis bei dem Tempo. Ich kann das Leben um mich herum nicht langsamer machen. Entschleunigen kann ich nur mich selbst.

Entschleunigung
Es gibt Wichtigeres im Leben,
als beständig dessen Geschwindigkeit zu erhöhen.
Mahatma Gandhi

23. November

Oh nein, nicht schon wieder – erneut brauche ich ein neues Passwort. Das hat gerade noch gefehlt. Ich ertrinke doch schon in Passwörtern. Eines für die EC-Karte, eines für die Krankenversicherung, eines für das Smartphone, für die Online-Bestellung, für X und für Y. So ein Passwort ist ein Sesam-öffne-dich. Es gibt auch Passwörter für die Herzen der Mitmenschen. Diese sind seit Jahren dieselben. Das häufigst verwendete wird "Danke", "Bitte" oder "Entschuldigung" heissen.

24. November

Alt werden möchten alle - aber alt sein, das will keiner. So lautet ein Sprichwort. Nicht dem Vergangenen nachtrauern, auch nicht mit der Gegenwart im Streit leben. Wenn ich mein Alter verdränge oder sogar dagegen ankämpfe, kann ich mich selbst nicht annehmen. Wer heute intensiv lebt, muss nicht dem Vergangen nachtrauern und muss sich nicht vor der Zukunft fürchten.

25. November

Liebe und Begeisterung - sie sind sich sehr ähnlich: Kein Mensch kann sie kaufen, doch wer sie einmal gefunden hat, der möchte sie nie wieder missen. Erzwingen kann man Liebe und Begeisterung aber auch nicht, sie haben ein angeborenes Freiheits-Gen und wollen vorsichtig und achtungsvoll behandelt werden. Sie hängen aneinander wie Zwillings-Geschwister, so dass eins leicht zum anderen führt und ein Mensch, der liebt, zugleich begeistert ist von dem Objekt seiner Liebe und ein von einer Sache begeisterter Mensch meist mit Liebe am Werk ist.

Wer das Glück hat, sie gefunden zu haben, der erlebt ein grosses Stück Himmel auf Erden.

26. November

Rache ist bitter, nicht süss. Hass ist zerstörerisch. Wunden, die andere Menschen geschlagen haben, heilen nicht durch Rache und Hass. Ich verletze mich damit nur selber und verfange mich in einer Spirale des Bösen. Das klingt vielleicht alles sehr klug, und ich weiss selbst, wie schwer es ist.

„Ich habe es mühsam lernen müssen. Hass," so sagt es mir ein junger Mann, „ist wie ein Feind, der nagelt dich fest. Vergebung dagegen setzt meine Füsse auf weiten Raum." Denn: Hass betrifft zuerst einmal dich selbst.

27. November

Jede Zeit hat ihre eigenen, für sie typischen, Krankheitsmuster. Die Krankheit unserer Zeit ist der Verlust des Gedächtnisses.

Pure Vergesslichkeit ist dabei noch die harmloseste Variante, etwa wenn mir ein Name nicht mehr einfällt oder wenn ich den Schlüssel nicht mehr finde.

Die Erfahrung der Vergangenheit ist die beste Lehrmeisterin unseres Lebens. Oder es gibt das Sprichwort: "Die Vergangenheit lehrt uns die Zukunft!"

---

*Die Zeiten der Vergangenheit
sind uns ein Buch mit sieben Siegeln*
J. W. v. Goethe, Faust I

Trotz intensiver Wiederbelebungsversuche – durch Zeitreisen, Mittelaltermärkte, Rollenspiele, Schlachten-Reenactments und vieler anderer – ist die

Vergangenheit
✝ täglich aufs Neue

für immer von uns gegangen. Sie ist mausetot. Selbst wenn der Zahn der Zeit Dinge und Menschen oft ziemlich alt aussehen lässt, so sind sie doch immer nur hier und heute.

Und weil die Vergangenheit so tot ist, gibt uns die Geschichte, die in jeder Gegenwart neu geschrieben werden will, Antworten, wie die Vergangenheit gewesen sein könnte. Es mag uns dabei oft erschrecken, wie wenig wir auf sie geachtet haben und wir über sie wissen.

In stiller Trauer – das Geschichtsbewusstsein

Die Beisetzung findet u.a. in Archiven und Quellenbänden statt. Statt Blumen und Kränzen bitten wir um eine rege, kritische und reflektierte Auseinandersetzung mit der Vergangenheit.

---

28. November

In den 90er Jahren gab es die Talksendung "Wa(h)re Liebe" zum Bereich Liebe und Sexualität mit Lilo Wanders. Ihr jeweiliger Schlusssatz war: "Öffnet die Herzen und beherzt die Öffnungen!"

Wie wahr dies doch ist, nicht nur im Sexualbereich.

29. November

Jede Krise, jede Enttäuschung, jede Krankheit, jede Erschütterung gibt mir die Möglichkeit zur Wende. Sie bietet mir eine Chance, mich wieder auf mich selbst zu besinnen. Die Krise erschüttert mich, damit ich wieder beweglich werde. Sie gibt mir die Chance, mich mir selbst, meinem wahren Selbst zuzuwenden, wieder zur Einsicht zu kommen, mir bewusst zu werden, wer ich wirklich bin.

30. November

Wer mit sich selbst und anderen gut umgehen will, muss auch Schwächen akzeptieren können. Wir selbst sind als Menschen bruchstückhaft – unvollkommen. Das macht unser Mensch-Sein aus; wir sind keine Roboter.

„Nicht die Fehlerlosigkeit bringt uns einander näher, sondern unser Mitgefühl mit unseren Schwächen und mit den Schwächen der Menschen um uns herum". Diese Worte fordern uns auf, zu allererst gut mit uns selbst umzugehen, mit unseren starken und schwachen Seiten. Das fordert uns auf, dass wir uns mit uns selbst aussöhnen, dann haben wir auch weniger Mühe und Ärger mit den Schwächen anderer.

DEZEMBER

01. Dezember

Heute am ersten Dezember ist der internationale Welt-Aids-Tag. Das Ziel des heutigen Tages ist es nicht unbedingt sich mit dem Krankheitsbild und mit Aids als einem medizinischen Problem auseinander zu setzen – am heutigen Tag stehen die betroffenen Menschen im Vordergrund.

Dazu gehört auch das Nachdenken über Ängste und Hoffnungen der Betroffenen, es geht um Mitgefühl und Solidarität. Es geht um ein "positives Zusammenleben"!

02. Dezember

Es gibt den Ausspruch von Papst Johannes XXIII.: „Wir müssen den Unglückspropheten widersprechen, die immer nur Unheil voraussagen, als ob der Untergang der Welt unmittelbar bevorstünde." Johannes XXIII. berief das 2. Vatikanische Konzil ein und versuchte vieles zu ändern.

Und von Martin Luther ist der Satz überliefert: „Selbst wenn ich wüsste, dass morgen die Welt untergeht, würde ich heute ein Apfelbäumchen pflanzen."

In jeder Krise liegt auch eine Chance. Wenn wir sie gut bewältigen, gehen wir gestärkt aus ihr hervor – das ist eine Lebenserfahrung. Versuchen wir es: Dem Leben, den Menschen mit einem Lächeln zu begegnen.

03. Dezember

„Einsamkeit hat viele Namen" dieser Schlager von 1974 ist von Christian Anders. Er ist ein Poet der Einsamkeit – viele seiner Liedtexte sprechen davon. Die Auflösung der Gesellschaft in Individuen, die Anonymität der Grossstadt sind die Voraussetzungen und Ursachen jener Einsamkeit, die Christian Anders besingt; Einsamkeit inmitten vieler Menschen. Ein freundlicher Gruss, ein kleines Wort oder eine verständnisvolle Geste sind bereits ein kleines Licht in der Dunkelheit.

04. Dezember

„Warum nur, warum, bleibt gar nichts bestehen?" Diese Zeilen des Schlagers von Udo Jürgens bringen das Wesen unseres Lebens auf den Punkt. „Warum nur, warum, muss alles vergehen?": In dieser Frage offenbart sich Sorge und Erkenntnis zugleich: Der Kummer über die Vergänglichkeit alles Irdischen, insbesondere der Liebe. Die Rückschau auf die eigene emotionale Vergangenheit ist Teil des menschlichen Wesens. Alles muss vergehen, nichts bleibt bestehen. Das stimmt leider. Aber sich an das Vergangene zu erinnern – auch mit Wehmut – kann Kraft für die Zukunft geben.

05. Dezember

„Wenn ich alt bin, möchte ich wie ein guter Rotwein sein." Dieses Sprichwort lässt vieles erahnen: Gutes und Schlechtes. Aber wenn ich darüber nachdenke, spricht mich einiges an: Ich möchte solide und ehrlich meine Füsse auf der Erde stehen haben, ich möchte geerdet sein. Ein guter Rotwein ist ein guter Begleiter in fröhlicher Runde, er ist da bei guten und tiefen Gesprächen. „Wenn ich alt bin, möchte ich wie ein guter Rotwein sein.": Reif und bereichernd für die Mitmenschen.

06. Dezember

Ein Sack mit Nüssen, Schokolade und Mandarinen das erfreut jeden von uns, besonders die Kinder und nicht nur am heutigen Nikolaustag. Aber das Wichtigste ist nicht der Sack mit den vielen feinen Sachen, es ist doch der Nikolaus selbst: sein Besuch, seine Aufmerksamkeit, sein Dasein und dann auch noch zu merken, dass er sich für unser Leben interessiert, weil er ja so viel von uns weiss.
Könnten nicht wir alle einander in diesem Sinne eine Freude bereiten? Einen Moment Zeit verschenken, für das Leben des anderen aufmerksam sein, sich für das Gegenüber interessieren oder manchmal einfach da sein. Vielleicht kennst auch du Menschen, die den Nikolaus nicht durch eine Organisation bestellt haben?

07. Dezember

„Das Herz hat seine Gründe, die der Verstand nicht kennt." Dieses Wort von Blaise Pascal hat schon viele angesprochen. Es ist sicher kein Zufall, dass sich dieses Zitat mehr als 15'000 Mal im Internet finden lässt. Vieles kann der Verstand nicht erfassen, aber das Herz begreifen. Diese Aussage soll bestimmt nicht ein Plädoyer sein, gedanken- und kopflos durchs Leben zu schreiten. Aber auf das Herz zu hören, würde unsere Welt in Vielem menschlicher und zugleich auch göttlicher werden lassen.

08. Dezember

Wenn du dazu tendierst ‚perfekt' sein zu wollen, dann höre auf, darauf stolz zu sein. Als Kind hast du gedacht: „Wenn ich erst einmal perfekt bin, dann werde ich nur noch gelobt und nie mehr kritisiert und abgelehnt."

Perfektionismus ist eine Art Selbstfolter und Selbstbetrug. Öffne dein Herz für deine Angst vor Kontrollverlust und dein Leben wird schöner, entspannter und reichhaltiger.

Ich bin nicht perfekt, aber trotzdem sehr gut gelungen!

09. Dezember

Zweifel ist die Bewegungsursache des Menschen. Wer zweifelt hat viele Fragen, nimmt nicht alles als gegeben und denkt nach. Ein Mensch, der sich seiner Sache zweifellos sicher ist, steht in Gefahr, träge zu werden und einzuschlafen. Der Zweifel aber lässt den Menschen suchen, forschen und weiter gehen. Im gesunden Mass des Zweifelns bleibt alles frag-würdig, d.h. würdig Fragen zu stellen.

10. Dezember

Sage nicht: "Ich werde mich lieben, wenn.... ich mich verändert habe, wenn.... ich besser geworden bin". Nimm dich jetzt und heute so an, wie du heute und jetzt bist. Erlaube dir auch unvollkommen zu sein und arbeite an deinen Schwächen mit Liebe und Verständnis. Auch im wissenschaftlichen Bereich ist aus so manchem Fehler eine neue innovative Sache entstanden. Die persönliche „Phönix aus der Asche"-Geschichte ist heute keine Schande mehr, sondern Zeichen persönlicher Entwicklung. Und bereits dieser Abschnitt gelingt besser mit viel Liebe.

11. Dezember

Advent ist ein Weg. Der Prozess des Weges findet auch und vor allem in uns statt. Der eigentliche adventliche Weg ist das innere Aufbrechen. Dann haben wir Bethlehem erreicht. Es liegt in uns!

12. Dezember

Jedes Jahr bahnen wir uns durch den adventlichen Schilderwirrwarr den Weg zu Weihnachten: durch das Schild des Vortritts, den oft die Geschenke haben. Zu keiner anderen Zeit wird so viel angeboten, verkauft und gekauft. Durch das Schild der Einbahnstrasse in der wir nur auf der Strecke des Konsums und des Profits fahren dürfen. Ja nicht rückwärts. Durch das Schild: Achtung kein Vortritt, weil Adventskonzerte, Weihnachtsmärkte und Einkäufe den Vortritt haben. Die Höchstgeschwindigkeit ist angesagt, um noch vor dem 24. fertig zu werden. Und dann das Halteverbot für unsere persönlichen Dinge, denn zuerst kommt das Geschäftliche.

Wo bleibt das Schild des Parkplatzes, das uns eine Ruhezone anzeigt? Anhalten, zur Ruhe kommen und einem ANDEREN den Weg bereiten, dessen Ankunft wir erwarten.

13. Dezember

„Macht hoch die Tür, die Tor macht weit", dies ist wohl das bekannteste Adventslied. Dieser Ruf „Macht hoch die Tür, die Tor macht weit!" will uns aufrütteln aus unserer Bequemlichkeit; denn wo wir in unserem Leben die Türen aufmachen, sollten wir auch bereit sein für die Begegnung mit dem, der durch die Tür eintritt.

14. Dezember

Das Begleiten von Menschen auf ihrem Lebensweg wird heute meistens Fachpersonen überlassen. Das ist oftmals auch wirklich nötig. Aber jedem Menschen tut es gut zu wissen, jemanden an seiner Seite zu haben. Einen Menschen zu begleiten, für einen Menschen da zu sein, verlangt nicht immer extravagante Leistungen, eher vielmehr ein offenes Herz und ein offenes Ohr. Das Dasein für einen Mitmenschen ist zugleich etwas Bereicherndes. Es geht ums Leben und das besteht immer aus Geben und Nehmen.

15. Dezember

Viele brüsten sich damit, echte „Steh-auf-männchen" zu sein. Gerade unter Männern ist es ver-pönt, lange an Rückschlägen zu knabbern. Wer sich emotional und analytisch die Zeit nimmt, die Situation zu verarbeiten, hat gute Chancen, daraus zu lernen. Bleibt stattdessen in dem Bestreben, schnell weiterzumachen und nicht die Lektion daraus zu lernen, wird man für die Zukunft wenig mitnehmen.

Mach dich frei von falschen Idealen und nimm dir die Zeit, die du ganz persönlich brauchst.

16. Dezember

Albert Einstein hat erst mit 3 Jahren angefangen zu sprechen und seine Eltern hielten ihn deshalb zunächst für zurückgeblieben. Abweichungen können auch eine starke Motivation sein, etwas in seinem Leben zu ändern. Viele berühmte Persönlichkeiten berichten von einem geringen Selbstwertgefühl in ihrer Kindheit oder Jugend.

17. Dezember

Lebst du, um zu arbeiten? Oder arbeitest du, um zu leben? Wer diese Frage in seinem Leben geklärt hat und die Entscheidung bewusst gefällt hat, wird sein Leben als erfüllt und reichhaltig empfinden.

18. Dezember

Wo ein Gefühl ist, ist auch ein Gedanke. Und wo ein Gedanke ist, ist auch ein Gefühl.

In diesem Wissen können wir wieder lernen zu fühlen, was wir denken – und zu entdecken, welche Gedanken sich hinter unseren Gefühlen verstecken.

19. Dezember

„Ich bin ein guter Mensch" sagte ein Mensch, als er vom Teufel an den Pforten der
Hölle abgeholt wurde. „Ich bin nur aus Versehen hier."
„Jeder Mensch stellt etwas Böses an", sagte der Teufel tief überzeugt.
„Nein, ich habe immer nur zugesehen" gab der andere zur Antwort. Da grinste der
Teufel über alle Backen und sagte: „Ja genau darum bist du hier!"
Vielleicht ist heute ein Tag, an dem wir handeln müssten oder unsere Stimme
erheben, im Sinne der Liebe und Gerechtigkeit des Himmels.

20. Dezember

Renan Demirkan ist Schauspielerin türkischer Abstammung. Auf die Frage, ob es
zum glücklich sein einen anderen Menschen, ein Gegenüber, braucht, meint sie:
Glück ist ein Produkt einer Kommunikation. Und ohne Gegenüber gibt es keine
Kommunikation. Selbst die Eremiten im Kloster haben ein Gegenüber, sie reden mit
Gott. Aber ich kann nicht delegieren, dass jemand mich glücklich macht.

21. Dezember

Der Theologe und Widerstandskämpfer Dietrich Bonhoeffer schreibt einem Freund aus dem Gefängnis:
Eine Gefängniszelle ist übrigens ein ganz guter Vergleich für die Situation des Advents: Man wartet und hofft und tut dies und jenes – letzten Endes Nebensächliches -; aber die Tür ist verschlossen und kann nur von aussen geöffnet werden.
Weihnachten – DAS Fest der Liebe und Liebe ist immer ein Geschenk!

22. Dezember

Bald ist Weihnachten! Hab ich Weihnachten verdient, wenn ich böse war? Hab ich Weihnachten verdient, wenn ich gestohlen und gelogen habe? Hab ich Weihnachten verdient, wenn ich andere schlecht gemacht habe? Hab ich Weihnachten verdient, wenn...? Die Fragen könnten noch lange weitergeführt werden. Meine Antwort auf diese Fragen lautet: „Ja!"
Genau das verspricht Gott an Weihnachten – in diesem Jesuskind! Der Name Jesus heisst nämlich übersetzt: Gott rettet, Gott heilt. Und zwar nicht nur die Lieben und Artigen, als Belohnung für gute Taten. Gott will gerade bei denen sein, die selber nichts dafür tun können. Das hat auch der erwachsene Jesus gezeigt. Daran erinnert uns die Figur des Christkindes: Ich muss Weihnachten nicht machen! An Weihnachten will Gott uns was schenken: Seine Liebe, sich selbst!

23. Dezember

Eine jüdische Geschichte erzählt von einem Rabbi, dem seine Schüler die Nachricht brachten: „Der Messias ist gekommen!" – Der Rabbi stand auf, ging ans Fenster, blickte auf die Strasse, kam zurück und setzte sich wieder hin. „Was ist nun? Was sollen wir tun?" fragten die Schüler. „Nichts sollt ihr tun, weiterlernen sollt ihr", sagte der Rabbi. „ Wie kann der Messias gekommen sein, wenn nichts in der Welt sich verändert hat?"
Ob der Messias dieses Jahr ankommen kann in dieser Welt, das hängt von einem jeden von uns ab.

24. Dezember

Aus dem Baumstumpf Isais wächst ein junger Trieb hervor. Der Geist Gottes lässt sich nieder auf ihm: Gerechtigkeit ist der Gürtel um seine Hüften, Treue der Gürtel um seinen Leib. Wenn das geschieht, dann wohnt der Wolf beim Lamm, der Panther beim Böcklein. Kalb und Löwe weiden zusammen. Man tut nichts Böses mehr und begeht kein Verbrechen. Denn das Land ist erfüllt von der Erkenntnis Gottes. (Biblische Verheissung zur Geburt Jesu aus dem Buch des Propheten Jesaja).

25. Dezember

Einer der prägendsten Sätze, der Weihnachten und das Geheimnis der Geburt Jesu skizziert, ist zugleich eine ganz persönliche Herausforderung, die ich annehmen darf: „Mach es wie Gott – werde Mensch!"

26. Dezember

"Es muss nicht immer 'Ich liebe dich' sein.
Wie war dein Tag?
Fahr vorsichtig.
Vergiss nicht, eine Jacke mitzunehmen.
Hast du gut geschlafen?
Bleib noch liegen, ich mach Frühstück.
Ich habe die Kekse gekauft, die du so gerne isst.
Hör immer gut zu und du wirst es erkennen. "

27. Dezember

Ein Vogel hat keine Angst, dass der Ast, auf dem er sitzt, brechen könnte. Nicht, weil er dem Ast vertraut, sondern seinen Flügeln.
Glaub an dich und deine Fähigkeiten.

28. Dezember

Über das Wetter reden wir fast jeden Tag, von der „Klima-Katastrophe" der Erde hören wir jede Woche. Dort sind steigende Temperaturen die Zeichen der Gefahr. Aber auch in jedem und jeder von uns herrscht ein Klima, für das wir ebenfalls verantwortlich sind. Dort ist nicht die steigende Temperatur die Gefahr, sondern, dass es oft kühler wird. Wie steht es um deinen inneren „Klimawandel"?

29. Dezember

„Wer sich wie ein Wurm verhält, muss damit rechnen, dass auf ihn getreten wird."
(Immanuel Kant).

Deshalb gehe aufrecht und selbstbewusst. Arbeite an deinem Selbstbewusstsein und betrachte dies als Lebensaufgabe. Selbstbewusstsein heisst im Wortsinne zunächst einmal, dir über dich selbst bewusst zu sein. Dafür musst du dich kennen und kennenlernen. Und Selbstbewusstsein ist die Seelenverwandte des Selbstwerts. Selbstwert bedeutet, sich selbst für wertvoll zu halten. Schenke dir die Beachtung, die du verdient hast. Du bist einzigartig wertvoll.

30. Dezember

Wenn zwei Falken auf einem Baum sitzen, und es fliegt ein Schwarm Wildenten vorbei – dann sagt nicht ein Falke zum andern: "Schau, da fliegt die Mehrheit, das muss der richtige Weg sein, schliessen wir uns an!"
Sie werden weiterhin als Falken dem Weg der Falken folgen (Alte Volksweisheit).
Hab den Mut dich selbst zu sein, denn nicht immer ist richtig, was die Mehrheit tut.
Darum: „Gehe deinen eigenen Weg, damit du Spuren hinterlässt und nicht nur Staub aufwirbelst".

31. Dezember

Gewaltig endet wieder ein Jahr, oder ein Jahr endet gewaltig. Wie man es auch nennen mag, 365 Tage sind nicht ohne. Man hat sie geschafft oder sie haben uns geschafft. Ob es etwas bringt, uns zu fragen, was war, was ist, was wird sein? Vielleicht einfach unseren Weg gehen. Nur, was ist unser Weg? Der eigene Weg ist der gute Weg.

Das neue Jahr lässt sich leichter umarmen, wenn wir das ein und andere erledigt haben, aber auch damit, dass wir es einfach ruhen lassen und annehmen, wie es gerade ist. Meistens reicht es, wenn wir uns bewusst machen, was wir im Laufe des neuen Jahres verändern möchten; welche Wünsche und Bedürfnisse mehr Beachtung und Raum brauchen. Ja ein ganzes Jahr ist vor uns. Doch den ersten Schritt, würd ich bereits heute tun.

ALS ICH MICH SELBST ZU LIEBEN BEGANN, HABE ICH VERSTANDEN, DASS ICH IMMER UND BEI JEDER GELEGENHEIT ZUR RICHTIGEN ZEIT AM RICHTIGEN ORT BIN UND DASS ALLES, WAS GESCHIEHT, RICHTIG IST – VON DA AN KONNTE ICH RUHIG SEIN. HEUTE WEISS ICH, DAS NENNT MAN VERTRAUEN. ALS ICH MICH SELBST ZU LIEBEN BEGANN, KONNTE ICH ERKENNEN, DASS EMOTIONALER SCHMERZ UND LEID NUR WARNUNGEN FÜR MICH SIND, GEGEN MEINE EIGENE WAHRHEIT ZU LEBEN. HEUTE WEISS ICH, DAS NENNT MAN AUTHENTISCH SEIN. ALS ICH MICH SELBST ZU LIEBEN BEGANN, HABE ICH AUFGEHÖRT, MICH NACH EINEM ANDEREN LEBEN ZU SEHNEN UND KONNTE SEHEN, DASS ALLES UM MICH HERUM EINE AUFFORDE- RUNG ZUM WACHSEN WAR. HEUTE WEISS ICH, DAS NENNT MAN REIFE. ALS ICH MICH SELBST ZU LIEBEN BEGANN, HABE ICH AUFGEHÖRT, MICH MEINER FREIEN ZEIT ZU BERAUBEN, UND ICH HABE AUFGEHÖRT, WEITER GRANDIOSE PROJEKTE FÜR DIE ZUKUNFT ZU ENTWERFEN. HEUTE MACHE ICH NUR DAS, WAS MIR SPASS UND FREUDE BEREITET, WAS ICH LIEBE UND WAS MEIN HERZ ZUM LACHEN BRINGT, AUF MEINE EIGENE ART UND WEISE UND IN MEINEM TEMPO. HEUTE WEISS ICH, DAS NENNT MAN EHRLICHKEIT. ALS ICH MICH SELBST ZU LIEBEN BEGANN, HABE ICH MICH VON ALLEM BEFREIT, WAS NICHT GESUND FÜR MICH WAR, VON SPEISEN, MENSCHEN, DINGEN, SITUATIONEN UND VON ALLEM, DAS MICH IMMER WIEDER HINUNTERZOG, WEG VON MIR SELBST. ANFANGS NANNTE ICH DAS »GESUNDEN EGOISMUS«. HEUTE WEISS ICH, DAS IST SELBSTLIEBE. ALS ICH MICH SELBST ZU LIEBEN BEGANN, HABE ICH AUFGEHÖRT, IMMER RECHT HABEN ZU WOLLEN, SO HABE ICH MICH WENIGER GEIRRT. HEUTE HABE ICH ERKANNT, DAS NENNT MAN DEMUT. ALS ICH MICH SELBST ZU LIEBEN BEGANN, HABE ICH MICH GEWEIGERT, WEITER IN DER VERGANGENHEIT ZU LEBEN UND MICH UM MEINE ZUKUNFT ZU SORGEN. JETZT LEBE ICH NUR NOCH IN DIESEM AUGEN- BLICK, WO ALLES STATTFINDET, SO LEBE ICH HEUTE JEDEN TAG UND NENNE ES BEWUSSTHEIT. ALS ICH MICH SELBST ZU LIEBEN BEGANN, KONNTE ICH ERKENNEN, DASS MICH MEIN DENKEN ARMSELIG UND KRANK MACHEN KANN. ALS ICH JEDOCH MEINE HERZENSKRÄFTE ANFORDERTE, BEKAM DER VERSTAND EINEN WICHTIGEN PART- NER. DIESE VERBINDUNG NENNE ICH HEUTE HERZENS- WEISHEIT. WIR BRAUCHEN UNS NICHT WEITER VOR AUSEINANDERSETZUNGEN, KONFLIKTEN UND PROBLEMEN MIT UNS SELBST UND ANDE- REN FÜRCHTEN, DENN SOGAR STERNE KNALLEN MANCHMAL AUFEIN- ANDER UND ES ENTSTEHEN NEUE WELTEN. HEUTE WEISS ICH, DAS IST DAS LEBEN !